От инициативы Китая до платформы совместного использования ШОС—Обзор пройденного пути демонстрационной базы ШОС по обмену и обучению аграрным технологиям и взгляд в ее будущее

From China Proposal to SCO Cooperation Platform
—The Development of SCO Demonstration Base for Agricultural Technology Exchange and Training

从中国倡议到上海合作组织共享平台

——上海合作组织农业技术交流培训示范基地回眸与前瞻

杨凌农业高新技术产业示范区管委会 / 编著
中国上海合作组织研究中心

邓 浩 / 主编

世界知识出版社

中方愿在陕西省设立上海合作组织农业技术交流培训示范基地，加强同地区国家现代农业领域合作。

——2019年6月14日，习近平主席在上海合作组织成员国元首理事会第十九次会议上提出的重大倡议

编辑委员会

主　　任：黄思光
副 主 任：史高领　何　玲　罗　军
委　　员：董立民　蒋展宏　袁鸿马　程津庆　樊兆兴
　　　　　王周锁　田晓炜　陈　辉　刘仲山　魏争谋
　　　　　张小明　马　静　李　林　梁孝宏

主　　编：邓　浩
撰 稿 人：康振生　卢山冰　孙壮志　刘华芹　许　涛
　　　　　张　宁　邱仲潘　聂凤英　魏　凤　魏争谋
　　　　　马　静
责任编辑：范景峰

Редакционная комиссия

Заведующий: Хуан Сыгуан
Заместители заведующего: Ши Гаолин   Хэ Лин   Ло Цзюнь
Члены: Дун Лиминь   Цзян Чжаньхун   Юань Хунма
Чэн Цзиньцин   Фань Чжаосин   Ван Чжоусо
Тянь Сяовэй   Чэнь Хуэй   Лю Чжуншань
Вэй Чжэнму   Чжан Сяомин   Ма Цзин
Ли Линь   Лян Сяохун

Главный редактор: Дэн Хао
Авторы статей: Кан Чжэньшэн   Сунь Чжуанчжи
Лу Шаньбин   Сюй Тао   Лю Хуацинь
Чжан Нин   Не Фэнъин   Цю Чжунпань
Вэй Фэн   Вэй Чжэнму   Ма Цзин
Ответственный редактор: Фань Цзинфэн

Editorial Board

Director: Huang Siguang

Deputy Directors: Shi Gaoling   He Ling   Luo Jun

Members: Dong Limin   Jiang Zhanhong   Yuan Hongma
   Cheng Jinqing   Fan Zhaoxing   Wang Zhousuo
   Tian Xiaowei   Chen Hui   Liu Zhongshan
   Wei Zhengmou   Zhang Xiaoming   Ma Jing
   Li Lin   Liang Xiaohong

Editor-in-Chief: Deng Hao

Authors: Kang Zhensheng   Sun Zhuangzhi   Lu Shanbing
   Xu Tao   Liu Huaqin   Zhang Ning   Nie Fengying
   Qiu Zhongpan   Wei Feng   Wei Zhengmou   Ma Jing

Editor in Charge: Fan Jingfeng

前 言

上海合作组织的创立和发展是21世纪国际关系史上具有里程碑意义的重大事件,给冷战后的世界吹来了一股强劲新风,开创了国家间关系和区域合作的新天地,为地区和全球治理贡献了新理念、新智慧和新方案。上海合作组织的成功经验集中体现在提出并践行了以"互信、互利、平等、协商、尊重多样文明、谋求共同发展"为内涵的"上海精神"。

21年来,在"上海精神"指引下,上海合作组织不论在内部建设还是在对外合作上均取得了令人瞩目的成就,政治、安全、经济、人文、机制建设、对外合作六大领域的合作日益深化,展现出良好的发展势头。21年来,中国始终是"上海精神"坚定的拥护者、捍卫者和践行者,始终把上合组织视为中国外交的优先方向,为上合组织的发展壮大作出了突出贡献。

2019年6月,习近平主席在上合组织成员国元首理事会第十九次会议上提出"中方愿在陕西省设立上海合作组织农业技术交流培训示范基地,加强同地区国家现代农业领域合作"的重大倡议。为确保习近平主席的重要讲话重要指示落地生根,中共陕西省委、陕西省人民政府高度重视,坚持把上海合作组织农业技术交流培训示范基地(以下简称"上合组织农业基地")建设作为重大政治任务,积极争取中办、国办和农业农村部、外交部、科技部等部委大力支持,以"强机制、建平台、做示范、促合作"为主线,充分发挥杨凌农业高新技术产业示范区(以下简称"杨凌示范区")作用,调动各方资源高水平推进上合组织农业基地的建设。经过三年的大胆探索、改革创新,上合组织农业基地建设取得了重大突破性进展。基地设施建成启用,相继建成现代农业交流中心、杨凌综合保税区、一大批境内外实训基地等支撑载体。基地法律程序圆满履行,2020年10月上合组织农业基地正式揭牌运行;2021年8月,《上海合作组织农业技术交流培训示范基地建设构想》在第六次上合组织成员国农业部长会议上顺利通过,完成基地从中方倡议到上合成员国集体意志的质变转化；基地国际客厅人气日益兴旺，在上合组织框架下先后举办重大国际交流活动30多场，培训农业官员、专家超过2万人次。基地经贸往来日趋紧密，依托杨凌综合保税区引进了一批产业合作项目；推动陕西苹果、茶叶搭载中欧班列远销乌兹别克斯坦；在哈萨克斯坦等国家相继建成了一批农业科技产业园；已初步成为促进涉农领域国际贸易和产能合作的重要载体。时至今日，上合组织农业基地已经从我国单边倡议变为国际共识，从美好愿景变为破茧成蝶的现实，步入了在上合组织框架下第一次尝试性开展农业领域交流合作的新里程，一幅国际农业交流、培训、示范"上合图"以陕西为轴，正向周边国家徐徐展开。

今年是上合组织步入第三个十年的新起点，也是习近平主席提出建设上合组织农业基地重大倡议三周年。认真梳理上合组织农业基地三年来走过的不平凡历程，总结其工作成效并展望未来，无疑对刚刚步入成长期的上合组织农业基地来说，具有非常重要的意义。正是本着"总结过去，开辟未来"的精神，杨凌农业高新技术产业示范区管理委员会、中国上海合作组织研究中心联合编辑了本书，旨在从多维度阐释上合组织农业基地建设的重大意义，全面总结上合组织农业基地三年来的发展历程和建设成效，深入分析上合组织农业基地下一步发展面临的机遇和挑战，展望描绘上合组织农业基地未来发展的美好前景。为此，在编辑过程中特别邀请了曾亲身经历上合组织农业基地发展的成员国外交、农业部门官员和国内有关知名专家学者，从不同视角回顾、展望上合组织农业基地建设，为广大读者展现一幅上合组织农业基地三年建设发展的全景图。为了方便大家了解上合组织农业基地建设情况，我们通过中、俄、英三种语种文献综述，对上合组织农业基地建设进行了回顾与展望。

本书是上合组织创新发展的产物，是集体智慧的结晶，集资料性、知识性、学术性、实践性为一体。本书的编辑与出版，得到了上合组织秘书处的大力支持，张明秘书长在百忙之中抽出宝贵时间撰写体会文章，为本书的顺利出版起到了极其重要的引导和推动作用。中心秘书长邓浩研究员在大纲设计、内容修订、统一体例等方面做了大量扎实有效的工作。商务部、国务院发展研究中心、中国社会科学院、中国农业科学院、杨凌示范区党工委管委会、西北农林科技大学、厦门大学、西北大学等有关方面的领导和专家学者积极撰写相关章节，付出了大量心血。世界知识出版社领导高度重视本书出版，资深编辑范景峰从编辑体例、文字规范和装帧设计上进行了高效严谨的工作。在此我们一并表示诚挚的谢意。

  本书是地方政府与上海合作组织研究中心联合出版书籍的一次有益尝试，囿于时间和人力有限，书中有关表述在认识层面、理论层面难免有挂一漏万现象，希望本书能够为政府有关部门决策，为科研院所开展研究，为上合组织农业基地建设略尽绵薄之力。

  衷心祝愿上合组织农业基地建设取得更加丰硕的成果！

  衷心感谢广大读者对本书的青睐！

中国国际问题研究院院长
中国上海合作组织研究中心主任

徐步（签名）

2022年6月

Предисловие

Создание и развитие ШОС–знаковое событие в истории международных отношений в XXI веке, оно подобно сильному порыву ветра ворвалось в мир после «холодной войны», создало новый тип межгосударственных и региональных отношений, сотрудничества и внесло вклад в региональное и глобальное управление. Новые идеи, новая мудрость и новые решения. Успешный опыт ШОС воплощен в предложении и реализации «Шанхайского духа» с коннотацией «взаимного доверия, взаимной выгоды, равноправия, консультаций, уважения к многообразию цивилизаций и стремления к совместному развитию».

За 21 год, руководствуясь «Шанхайским духом», ШОС добилась значительных успехов как во внутреннем строительстве, так и во внешнем сотрудничестве. Взаимодействие в шести основных областях: политики, безопасности, экономики, гуманитарных наук, построения механизмов и внешнего сотрудничества–впечатляет и демонстрирует хорошую динамику развития. На протяжении 21 года существования ШОС Китай всегда был стойким сторонником, защитником и реализатором «Шанхайского духа», всегда считал ШОС приоритетом китайской дипломатии, внося выдающийся вклад в развитие организации.

В июне 2019 года председатель КНР Си Цзиньпин заявил на 19–м заседании Совета глав государств–членов ШОС, что «Китай готов создать Базу ШОС по обмену и обучению аграрным технологиям ШОС по обмену и обучению аграрным технологиям в провинции Шэньси для укрепления сотрудничества со странами региона в сфере современного сельского хозяйства». В целях реализации важных поручений, прозвучавших в выступлении председателя КНР Си Цзиньпина, партком и правительство провинции Шэньси, придавая им большое значение, настаивают на осуществлении строительства сельскохозяйственной базы ШОС как крупной политической задачи, и активно обращаются за поддержкой к Канцелярии ЦК КПК, Канцелярии Госсовета, Министерству сельского хозяйства и сельских дел, и Министерству иностранных дел, министерство науки и техники и другим министерствам с основной линией «укрепление механизмов, создание платформ, демонстрация и развитие сотрудничества». Необходимо в полной мере использовать роль показательной зоны Янлин и мобилизовать ресурсы провинции для содействия строительству Базы ШОС по обмену и обучению аграрным технологиям на высоком уровне. После трех лет смелых исследований, реформ и инноваций были достигнуты крупные успехи.

Базовые объекты были завершены и введены в эксплуатацию, также были последовательно построены поддерживающие перевозчики, такие как Центр современного сельскохозяйственного обмена, комплексная бондовая зона Янлин, а также большое количество отечественных и зарубежных учебных баз; юридические процедуры базы были успешно реализованы, и База ШОС по обмену и обучению аграрным технологиям была официально открыта в октябре 2020 года. В августе 2021 года на 6–м совещании министров сельского хозяйства государств–членов ШОС была успешно принята «Концепция строительства Базы ШОС по обмену и обучению аграрным технологиям». Завершилась качественная трансформация от китайской инициативы до коллективной воли государств–членов ШОС; международная популярность базы растет. В рамках ШОС проведено более 30 крупных международных обменных мероприятий, было обучено более 20,000 чиновников и экспертов в области сельского хозяйства. Экономические и торговые обмены базы становятся все более тесными. Опираясь на всеобъемлющую бондовую зону Янлин, был реализован ряд проектов промышленного сотрудничества для продвижения яблок и чая провинции Шэньси, которые будут экспортироваться в Узбекистан на грузовом поезде Китай–Европа. В Казахстане и других странах был последовательно построен ряд сельскохозяйственных научно–технических индустриальных парков, которые изначально стали важным носителем для развития международной торговли и сотрудничества производственных мощностей в областях, связанных с сельским хозяйством. Сегодня база превратилась из односторонней инициативы нашей страны в международный консенсус, из прекрасного видения в реальность и предприняла первую попытку осуществления обменов и сотрудничества в области сельского хозяйства в рамках ШОС. «Карта ШОС международного сельскохозяйственного обмена, обучения и демонстрации» берет Шэньси в качестве оси и поворачивается в сторону соседних стран.

Этот год знаменует собой новую отправную точку для вступления ШОС в третье десятилетие, а также третью годовщину крупной инициативы председателя КНР Си Цзиньпина по созданию сельскохозяйственной базы ШОС. Стремление тщательно разобраться в непростой истории, пройденной базой за последние три года, обобщить результаты ее работы, опыт и просвещение, а также заглянуть в будущее–все это, несомненно, сыграет очень важную просветительскую роль для только что начавшей свой рост базы. Именно в духе «обобщения прошлого и открытия будущего» Управляющий комитет показательной зоны Янлин и Китайский центр исследований ШОС совместно отредактировали эту книгу, целью которой является объяснение конструкции базы в различных аспектах. В ней всесторонне обобщается история развития и достижения в области строительства базы за последние три года, подробно анализируются возможности и проблемы, с которыми столкнется база на следующем этапе, и рассматриваются блестящие перспективы развития базы. С этой целью в процессе редактирования были специально приглашены должностные лица дипломатических и сельскохозяйственных ведомств государств–членов ШОС, а также известные отечественные специалисты и ученые, лично испытавшие развитие сельскохозяйственных баз ШОС, для ознакомления и обсуждения строительства сельскохозяйственных баз ШОС с разных точек зрения, в интересах широкой общественности читателям представлена панорама трехлетнего строительства и развития базы. Чтобы облегчить каждому понимание строительства базы, мы рассмотрели и изучили ее строительство на китайском, русском и английском языках.

Эта книга является продуктом развития ШОС, а также воплощением коллективного разума, объединяющего информацию, знания, академические и практические аспекты. Редактирование и издание этой книги получили мощную поддержку со стороны Секретариата ШОС. Генеральный секретарь Чжан Мин нашел время в своем плотном графике, чтобы написать статьи, которые сыграли важную роль в содействии публикации этой книги. Генеральный секретарь центра Дэн Хао проделал большую и эффективную работу по проектированию эскизов, пересмотру содержания и созданию единой системы. Руководители и эксперты из Министерства коммерции, Исследовательского центра развития Госсовета КНР, Китайской академии общественных наук, Китайской академии сельскохозяйственных наук, Управляющего комитета показательной зоны Янлин, Северо–западного научно–технического университета, Сямэньского университета, Северо–Западного университета и соответствующих сторон приложили много усилий. Руководители Издательства «Всемирное знание» придают большое значение публикации этой книги, а старший редактор Фань Цзинфэн проделал кропотливую работу с точки зрения редактирования стиля, спецификаций текста и дизайна переплета. Мы выражаем всем нашу сердечную благодарность.

Эта книга является удачной попыткой совместной публикации местного правительства и Китайского центра исследований ШОС. Из–за ограниченного времени и небольшого количества рабочей силы в книге неизбежно есть недостатки на когнитивном и теоретическом уровнях. Надеемся, эта книга поможет правительству, ведомственному принятию решений, будет способствовать проведению исследований для научно-исследовательских институтов, внесет скромный вклад в строительство Базы ШОС по обмену и обучению аграрным технологиям.

Искренне желаю, чтобы строительство Базы ШОС по обмену и обучению аграрным технологиям принесло более плодотворные результаты!

Мы искренне благодарим наших читателей за поддержку!

Президент Китайской академии международных проблем
Директор Китайского центра исследований ШОС
Сюй Бу
Июнь 2022 г.

Preface

The creation and development of the Shanghai Cooperation Organization (SCO) is a landmark event in the history of international relations in the 21st century, which has brought a strong new wind to the post-Cold War world, opened up new horizons in interstate relations and regional cooperation, and contributed new ideas, new wisdom and new solutions to regional and global governance. The successful experience of the SCO is reflected in putting forward and putting into practice of the "Shanghai Spirit", which is based on mutual trust, mutual benefit, equality, consultation, respect for diverse civilizations and pursuit of common development.

Over the past 21 years, under the guidance of the "Shanghai Spirit", the SCO has made remarkable achievements in both internal construction and external cooperation, and its cooperation in six major areas–politics, security, economy, humanities, mechanism building and external cooperation has been spectacular, showing a good momentum of development. For 21 years, China has been a staunch supporter, defender and practitioner of the "Shanghai Spirit", and has always regarded SCO as a priority direction for China's diplomacy, making outstanding contributions to the development and growth of SCO.

In June 2019, Chinese President Xi Jinping proposed at the 19th meeting of the Council of Heads of State of the SCO that "China is willing to set up a demonstration base for agricultural technology exchange and training in Shaanxi Province to strengthen cooperation with regional countries in the field of modern agriculture". In order to ensure that the instructions of Chinese

President Xi Jinping's important speech take root, the CPC Shaanxi Provincial Committee and Shanxi Provincial People's Government take the construction of the SCO Demonstration Base for Agricultural Technology Exchange and Training (the SCO Agricultural Base) as a major political task, and actively seek the support of the General Office of the CPC Central Committee, the Office of the State Council, the Ministry of Agriculture and Rural Affairs, the Ministry of Foreign Affairs and other ministries and commissions. With the main line of "strengthening mechanisms, building platforms, demonstrating and promoting cooperation", they give full play to the role of Yangling Agricultural High–tech Industry Demonstration Zone (Yangling Demonstration Zone) and mobilize resources of the province to promote the construction of SCO Agricultural Base at a high level. After three years of bold exploration, reform and innovation, the construction of SCO Agricultural Base has made significant breakthroughs.

The base facilities have been completed and put into use, a modern agricultural exchange center, Yangling Comprehensive Free Trade Zone, and a large number of domestic and foreign training bases and other support carriers have been built successively; the legal procedures of the base have been successfully implemented; the SCO Agricultural Base was officially operated in October 2020, and in August 2021, the "Concept for the Construction of the SCO Demonstration Base for Agricultural Technology Exchange and Training" was passed at the 6th meeting of Ministers of Agriculture of the SCO member states, completing the qualitative transformation of the base from China's proposal to the collective will of the SCO member states; the base has become more and more popular internationally, with more than 30 major international exchange activities held under the SCO framework and more than 20,000 agricultural officials and experts trained; the base's economic and trade exchanges are becoming more and more close, with a number of industrial cooperation projects introduced based on the Yangling Comprehensive Free Trade Zone, promoting Shaanxi apples and teas to be exported to Uzbekistan through the China–Europe freight trains, and successively built a number of agricultural science and technology industrial parks in Kazakhstan and other countries, which have initially become an important carrier to promote international trade and production capacity cooperation in agriculture–related fields. Today, the SCO Agricultural Base has changed from a unilateral initiative of China to an international consensus, from a beautiful vision to reality, and has entered a new milestone of the first attempt to carry out exchanges and cooperation in the field of agriculture under the framework of the SCO. An "SCO map" of international agricultural exchanges, training and demonstration is slowing unfolding from Shaanxi to neighboring countries.

This year marks the new starting point for the SCO to enter its third decade and it is also the third anniversary of Chinese President Xi Jinping's major initiative to build an SCO Agricultural Base. Carefully reviewing the extraordinary history of the SCO Agricultural Base in the past three years, summarizing its achievements and experience, and looking forward to the future, is undoubtedly very important for the SCO Agricultural Base that has just entered its growth stage. It is in the spirit of "summarizing the past and opening up the future" that Yangling Agricultural High-tech Industrial Demonstration Zone Management Committee and the China Center for SCO Studies jointly edited this book, aiming at explaining the significance of the construction of SCO Agricultural Base from multiple dimensions, comprehensively summarizing the development history and achievements of the SCO Agricultural Base in the past three years, analyzing the opportunities and challenges faced by the SCO Agricultural Base in the next step, and depicting the bright future of the SCO Agricultural Base. To this end, officials from the diplomatic and agricultural departments of the SCO member states who have personally experienced the development of the SCO Agricultural Base, as well as renowned domestic experts and scholars, were specially invited to review and look forward to the construction of the SCO Agricultural Base from different perspectives, in an attempt to present a panorama of the development of the SCO Agricultural Base in the past three years to the general readers. To facilitate the understanding of the construction of SCO Agricultural Base, we have reviewed and prospected the construction of SCO Agricultural Bases through literature reviews in Chinese, Russian and English.

This book is a product of the innovative development of SCO and a crystallization of collective wisdom, which integrates information, knowledge, academic and practical aspects. The editing and publication of this book has received strong support from the SCO Secretariat. Secretary General Zhang Ming took his valuable time out of his busy schedule to write an article based on his experience, which played an extremely important role in guiding and promoting the smooth publication of this book. Senior Research Fellow Deng Hao, Secretary General of the China Center for SCO Studies, has done a lot of solid and effective work in outline design, content revision and unified style. Leaders and experts and scholars from the Ministry of Commerce, the Development Research Center of the State Council, Chinese Academy of Social Sciences, Chinese Academy of Agricultural Sciences, the Management Committee of the Yangling Demonstration Area, Northwest Agriculture and Forestry University, Xiamen University, Northwest University and other related parties actively wrote relevant chapters and put in a lot of efforts. The leadership of World Affairs Press attaches great importance to the publication of this book, and senior editor Fan Jingfeng has worked efficiently and rigorously in terms of editing style, text specification and binding design. We would like to express our heartfelt gratitude to all of them.

This book is a useful attempt by the local government and the national research center of SCO to jointly publish books. Due to limited time and manpower, the relevant expressions in this book are inevitably flawed at the cognitive and theoretical levels, but we hope this book can make a small contribution to the decision making of relevant government departments, research institutes and the construction of SCO Agricultural Bases.

I sincerely hope that the construction of SCO Agricultural Bases will achieve more fruitful results!

We sincerely thank the readers for your interest in this book!

President of the China Institute of International Studies
Director of the China Center for SCO Studies
Xu Bu
June 2022

目 录

第一章 上海合作组织农业技术交流培训示范基地：思考和寄语

携手向前 共创未来 .... 张　明 / 3
为上合组织农业发展贡献西农力量 .... 吴普特 / 12
科技创新示范引领旱区现代农业发展 .... 康振生 / 22
深入践行习近平主席关于建设上合组织农业基地的重大倡议，
　　奋力打造"一带一路"现代农业国际合作中心 .... 黄思光 / 35
以农业科技赋能上合组织农业基地高质量建设 .... 史高领 / 45

第二章 上海合作组织农业技术交流培训示范基地：意义和作用

习近平主席关于上合组织农业合作的重要倡议
　　——建立上合组织农业基地的时代背景与战略意义 .... 孙壮志 / 57
构建上合组织命运共同体的成功实践——上合组织农业
　　基地对构建上合组织命运共同体的意义和作用 .... 邓　浩 / 69
上合组织区域合作的创新之举——上合组织农业基地对
　　上合组织经济合作的示范引领作用 .... 刘华芹 / 86
立足现代农业转型的上合组织务实合作重大创新
　　——杨凌模式对上合组织多边合作的推动作用 .... 许　涛 / 98
全球农业合作的有益探索——上合组织农业基地
　　对解决全球农业问题、保障粮食安全的意义和作用 .... 张　宁 / 112

第三章　上海合作组织农业技术交流培训示范基地：成就和经验

上合组织农业基地对上合组织农业发展的作用..........聂凤英、刘洪霞 / 125
上合组织农业基地的建立和发展进程.....................杨凌示范区管委会 / 138
杨凌示范区对上合组织农业基地的作用.................杨凌示范区管委会 / 146
上合组织农业基地建设基本经验.........................杨凌示范区管委会 / 152

第四章　上海合作组织农业技术交流培训示范基地：方向和目标

上合组织农业发展面临的新形势、新任务............................魏　凤 / 161
上合组织农业培训面临的新机遇、新挑战................邱仲潘、王鹏举 / 174
上合组织农业基地的未来发展路径............................卢山冰 / 187

附　录

上海合作组织农业技术交流培训示范基地建设构想............................199
上海合作组织农业技术交流培训示范基地建设方案............................202
在2019上海合作组织现代农业发展圆桌会议上的讲话
　　　　　　　　　　　　　　......弗拉基米尔·伊玛莫维奇·诺罗夫 / 208
在2020上海合作组织现代农业发展圆桌会议上的讲话
　　　　　　　　　　　　　　......弗拉基米尔·伊玛莫维奇·诺罗夫 / 210
在2021上海合作组织现代农业发展圆桌会议上的讲话
　　　　　　　　　　　　　　......弗拉基米尔·伊玛莫维奇·诺罗夫 / 212
在2019上海合作组织现代农业发展圆桌会议上的讲话
　　　　　　　　　　　　〔吉尔吉斯斯坦〕塔舍博洛托夫·马克萨特 / 214
在2019上海合作组织现代农业发展圆桌会议上的讲话
　　　　　　　　　　　　〔塔吉克斯坦〕泽瓦尔绍伊·塔伊贡绍佐达 / 215

在2019上海合作组织现代农业发展圆桌会议上的讲话
..................................〔乌兹别克斯坦〕扎姆希德·霍贾耶夫 / 216

在第26届杨凌农高会现代农业高端论坛上的发言
..................................〔乌兹别克斯坦〕扎姆希德·霍贾耶夫 / 218

在2021上海合作组织现代农业发展圆桌会议上的讲话
..................〔白俄罗斯〕阿列克谢·伊戈尔耶维奇·波格丹诺夫 / 221

在2021上海合作组织现代农业交流中心启用仪式上的致辞
....弗拉基米尔·奥列格维奇·拉赫马宁 / 223

在2019上海合作组织现代农业发展圆桌会议上的讲话............马有祥 / 224

在2019上海合作组织现代农业发展圆桌会议上的讲话............孙立杰 / 227

在2020上海合作组织现代农业发展圆桌会议上的讲话............朱　炼 / 229

在2020上海合作组织现代农业发展圆桌会议上的讲话............张桃林 / 232

在2021上海合作组织现代农业发展圆桌会议上的讲话............马有祥 / 234

上海合作组织农业技术交流培训示范基地建设大事记..................237

Содержание

Глава 1. База ШОС по обмену и обучению аграрным технологиям: размышления и послания

Идти вперед рука об руку и вместе проложить путь в будущее .... Чжан Мин / 5

Силы Северо-западного университета на службе развития сельского хозяйства ШОС .... У Путэ / 18

Развитие современного сельского хозяйства в засушливых районах на основе научно-технических инноваций .... Кан Чжэньшэн / 31

Реализация важной инициативы председателя КНР Си Цзиньпина о построении аграрной базы ШОС, всемерное наращивание современного сельского хозяйства в рамках «Одного пояса, одного пути» .... Хуан Сыгуан / 41

Обеспечение высококачественного строительства аграрной базы ШОС средствами науки и техники .... Ши Гаолин / 50

Глава 2. База ШОС по обмену и обучению аграрным технологиям: значение и роль

Важная инициатива председателя КНР Си Цзиньпина о сельскохозяйственном сотрудничестве ШОС—Исторические условия и стратегическое значение для создания базы ШОС по обмену и обучению аграрным технологиям .... Сунь Чжуанчжи / 66

Успешная практика формирования сообщества единой судьбы ШОС
—Роль и значение аграрной базы ШОС в формировании сообщества единой судьбы ШОС .... Дэн Хао / 82

Почин регионального сотрудничества ШОС .... Лю Хуацин / 94

Прагматичное сотрудничество, базирующееся на трансформации современного сельского хозяйства, важная инновация
—Стимулирующая роль модели Янлин для многостороннего сотрудничества ШОС .... Сюй Тао / 108

Полезные поиски глобального аграрного сотрудничества—Роль и значение базы ШОС по обмену и обучению аграрным технологиям в решении глобальных аграрных проблем и обеспечении продовольственной безопасности .... Чжан Нин / 120

Глава 3. База ШОС по обмену и обучению аграрным технологиям: достижения и опыт

Роль базы ШОС по обмену и обучению аграрным технологиям в развитии сельского хозяйства ШОС .... Не Фэнъин, Лю Хунся / 134

Процесс создания и развития демонстрационной базы ШОС по обмену и обучению аграрным технологиям
.... Управляющий комитет показательной зоны Янлин / 144

Роль показательной зоны Янлин в создании сельскохозяйственной базы ШОС .... Управляющий комитет показательной зоны Янлин / 150

Основной опыт создания сельскохозяйственной базы ШОС
.... Управляющий комитет показательной зоны Янлин / 155

Глава 4. База ШОС по обмену и обучению аграрным технологиям: направление и цель

Новые условия и задачи для базы ШОС по обмену и обучению
аграрным технологиям .... Вэй Фэн / 170
Новые возможности и вызовы в обучении аграрным технологиям
.... Цю Чжунпань, Ван Пэнцзюй / 183
Перспективный путь к развитию демонстрационной базы ШОС
по обмену и обучению аграрным технологиям .... Лу Шаньбин / 193

Приложение

Концепция о строительстве базы ШОС по обмену и обучению аграрным
технологиям .... / 199
Уставные документы о базе ШОС по обмену и обучению аграрным
технологиям .... / 202
Выступление на круглом столе по вопросам современного сельского
хозяйства ШОС 2019 .... В. Норов / 208
Выступление на круглом столе по вопросам современного сельского
хозяйства ШОС 2020 .... В. Норов / 210
Выступление на круглом столе по вопросам современного сельского
хозяйства ШОС 2021 .... В. Норов / 212
Выступление на круглом столе по вопросам современного сельского
хозяйства ШОС 2019 .... [Кыргызстан] М. Т. Ташболотов / 214
Выступление на круглом столе по вопросам современного сельского
хозяйства ШОС 2019 .... [Таджикистан] З. З. Тайгуншозода / 215
Выступление на круглом столе по вопросам современного сельского
хозяйства ШОС 2019 .... [Узбекистан] Ж. Ходжаев / 216

Выступление на Форуме в рамках 26-ой Янлинской выставки высоких технологий в области сельского хозяйства
.... [Узбекистан] Ж. Ходжаев / 218

Выступление на круглом столе по вопросам современного сельского хозяйства ШОС 2021 .... [Беларусь] А. Богданов / 221

Выступление на церемонии открытия Центра современного сельскохозяйственного обмена ШОС 2021..................... В. Рахманин / 223

Выступление на круглом столе по вопросам современного сельского хозяйства ШОС 2021 .... Ма Юсян / 224

Выступление на круглом столе по вопросам современного сельского хозяйства ШОС 2019 .... Сунь Лицзе / 227

Выступление на круглом столе по вопросам современного сельского хозяйства ШОС 2020 .... Чжу Лянь / 229

Выступление на круглом столе по вопросам современного сельского хозяйства ШОС 2020 .... Чжан Таолинь / 232

Выступление на круглом столе по вопросам современного сельского хозяйства ШОС 2021 .... Ма Юсян / 234

События, связанные со строительством демонстрационной базы ШОС по обмену и обучению аграрным технологиям .... / 237

Contents

Chapter I: SCO Demonstration Base for Agricultural Technology Exchange and Training: Reflections and Messages

Join Hands to Create a Bright Future..Zhang Ming / 9

Contributing the Force of NWAFU to the SCO Agricultural Development
.... Wu Pute / 20

Technological Innovation Demonstration Leading the Development of
　　Modern Agricultural in Arid Areas .... Kang Zhensheng / 33

Implementing the Important Proposal by Chinese President Xi Jinping
　　on the Construction of the SCO Agricultural Base and Strive to Forge
　　the Centre for International Cooperation on "Belt and Road" Modern
　　Agriculture ....Huang Siguang / 43

Enpowering High-Quality Construction of SCO Agricultural Base with
　　Agricultural Science and Technology .... Shi Gaoling / 52

Chapter II: SCO Demonstration Base for Agricultural Technology Exchange and Training: Significance and Function

Chinese President Xi Jinping's Important Proposal on SCO Agricultural
　　Cooperation—Current Background and Strategic Significance of
　　Establishing the SCO Agricultural Base .... Sun Zhuangzhi / 68

The Successful Practice of Constructing an SCO Community of Shared
　　Future—The Significance and Role of the SCO Agricultural Base
　　in Constructing an SCO Community of Shared Future........................ Deng Hao / 84

An Innovation to the SCO Regional Cooperation
　　——Demonstration and Leading Effect of SCO Agricultural Base
　　on SCO Economic Cooperation .... Liu Huaqin / 96
Modern Agricultural Transformation Constituting Major Innovation
　　to SCO Practical Cooperation—The Leading Role of
　　the Yang Ling Model to the SCO Multilateral Cooperation .... Xu Tao / 110
An Exploration Contributing to Global Agricultural Cooperation
　　——Implication and Role of SCO Agricultural Base for Resolving
　　Global Agricultural Problems and Ensuring Food Security.............. Zhang Ning / 121

Chapter III: SCO Demonstration Base for Agricultural Technology Exchange and Training: Achievements and Experiences

The Role of SCO Agricultural Base to the Agricultural Development of
　　the SCO .... Nie Fengying, Liu Hongxia / 136
The Establishment and Development of SCO Agricultural Base
　　..................... Management Committee of Yangling Demonstration Zone / 145
The Effect of Yangling Demonstration Zone on SCO Agricultural Base
　　..................... Management Committee of Yangling Demonstration Zone / 151
Basic Experiences in the Construction of the SCO Agricultural Base
　　..................... Management Committee of Yangling Demonstration Zone / 157

Chapter IV: SCO Demonstration Base for Agricultural Technology Exchange and Training: Direction and Objective

New Situation and New Tasks of SCO Agricultural Development
　　.. Wei Feng / 172
New Opportunities and New Challenges for SCO Agricultural Training
　　.. Qiu Zhongpan, Wang Pengju / 185

The Future Development Path of the SCO Agricultural Base .... Lu Shanbing / 195

Appendix

Concept on the Construction of the SCO Agricultural Technology Exchange and Training Demonstration Base .... / 199

Construction Plan of the SCO Agricultural Technology Exchange and Training Demonstration Base .... / 202

Speech at the 2019 SCO Roundtable on Modern Agricultural Development
.... Vladimir Norov / 208

Speech at the 2020 SCO Roundtable on Modern Agricultural Development
.... Vladimir Norov / 210

Speech at the 2021 SCO Roundtable on Modern Agricultural Development
.... Vladimir Norov / 212

Speech at the 2019 SCO Roundtable on Modern Agricultural Development
.... [Kyrghyzstan] Tasher Bolotov Marksat / 214

Speech at the 2019 SCO Roundtable on Modern Agricultural Development
.... [Tajikistan] Z. Z. Taigunshozoda / 215

Speech at the 2019 SCO Roundtable on Modern Agricultural Development
.... [Uzbekista] Jamshid Abdukhakimovich Khodjaev / 216

Speech at the High-Level Forum of the 26th Yanling International Exhibition
.... [Uzbekista] Jamshid Abdukhakimovich Khodjaev / 218

Speech at the 2021 SCO Roundtable on Modern Agricultural Development
.... [Belarus] Alexei Bogdanov/ 221

Speech at the Opening Ceremony of the SCO Modern Agricultural Exchange Center in 2021 .... Vladimir Rachmanin / 223

Speech at the 2021 SCO Roundtable on Modern Agricultural Development
.... Ma Youxiang / 224

Speech at the 2019 SCO Roundtable on Modern Agricultural Development
.... Sun Lijie / 227

Speech at the 2020 SCO Roundtable on Modern Agricultural Development
....Zhu Lian / 229
Speech at the 2020 SCO Roundtable on Modern Agricultural Development
.... Zhang Taolin / 232
Speech at the 2021 SCO Roundtable on Modern Agricultural Development
.... Ma Youxiang / 234
Chronology of the Construction of SCO Agricultural Technology Exchange
    and Training Demonstration Base.. / 237

第一章
上海合作组织农业技术交流培训示范基地：
思考和寄语

Глава 1. База ШОС по обмену и обучению аграрным технологиям: размышления и послания

Chapter I: SCO Demonstration Base for Agricultural Technology Exchange and Training: Reflections and Messages

携手向前　共创未来

上合组织秘书长　张　明

上海合作组织（以下简称"上合组织"）通过21年的发展，走出了一条以平等、互信、相互尊重为基础的，不同文化和文明和谐共处的多边合作之路，影响力持续提升，展示出特有的活力和良好的前景。在急剧变化的国际格局当中，上合组织顺应时代要求，不断凝聚合作共识，为促进地区的稳定和发展发挥了积极作用。

"开放合作"是上合组织的关键词，推动上合组织各国间深化农业合作，共同应对粮食安全和减贫问题是开放合作的重要内容。2019年6月，习近平主席在出席上合组织成员国元首理事会第十九次会议时提出"中方愿在陕西省设立上海合作组织农业技术交流培训示范基地，加强同地区国家现代农业领域合作"的倡议，充分考虑到多数成员国的切身利益和发展关切，顺应了当前全球共同面对粮食安全问题的现实，引起了各方极大的兴趣和关注。

2021年8月召开的第六届上合组织成员国农业部长会议审议通过了上海合作组织农业技术交流培训示范基地的建设构想，从一个侧面充分说明深化农业合作已成为上合组织各成员国的共识。

加强农业合作是上合组织区域经济合作的一项重要内容。近年来，在全球经济陷入低迷、国际贸易规则受到挑战的背景下，上合组织各成员国发展经济、改善民生、保持国家稳定的压力不断增大，发展不平衡进一步凸显，更加需要寻求多边合作的机会。通过农业合作能够有效促进干旱半干旱及土地贫瘠地区的农业发展，扩大成员国间的经贸合作领域，对中亚地区国家应对粮食安全问题和可持续发展意义重大。

上合组织秘书处愿意与各成员国一道，全面落实上合组织成员国元首理事会、政府首脑（总理）理事会确定的各项目标任务，推动在农产品生产和贸易，动植物检疫安全，跨境动物疫病防控，种植业、育种业和畜牧业经验交流，农业领域科学研究，农业数字化，"智慧"农业和农业创新技术应用，有机产品生产，农业各领域联合项目实施等方面加强合作，推进上合组织农业合作深入发展。

解决发展不平衡问题，需要不断探索和完善区域农业合作的新模式。上海合作组织农业技术交流培训示范基地在农业科技创新、现代农业发展模式等方面为上合组织国家解决农业发展问题提供了"中国方案"，分享了"中国智慧"。上合组织秘书处将充分发挥上海合作组织农业技术交流培训示范基地的平台作用，推动上合组织国家在农业领域开展务实合作。

中国是全球首个完成联合国千年发展目标中有关2030年前减贫任务的发展中国家，正通过开展扶贫培训、建立"鲁班工坊"、落实"丝路一家亲"行动框架合作项目等，将中国在减贫工作方面的成功经验分享给其他国家。上合组织秘书处将继续发挥积极作用，加强与上海合作组织农业技术交流培训示范基地的密切合作，为各国早日实现减贫发展目标提供有力支持。

当前，新冠肺炎疫情以及国际冲突造成经济发展受阻，能源危机加剧，粮食供应短缺，粮价持续飙涨，给成员国农业和粮食安全可持续发展带来严峻挑战。中国有句谚语"有志者，事竟成"，只要上合组织成员国携手并肩，坚定一贯地遵循互信、互利、平等、协商、尊重多样文明、谋求共同发展的"上海精神"，勠力同心，开拓创新，以农业领域为重点不断深化多边合作，我们一定能克服前进道路上的一切艰难险阻，共同开辟光明美好的未来！

Идти вперед рука об руку и вместе проложить путь в будущее

Генсек ШОС Чжан Мин

За 21 год своего развития Шанхайская Организация Сотрудничества успешно проложила путь многостороннего сотрудничества, основанного на равенстве, взаимном доверии, взаимном уважении, гармоничном сосуществовании различных культур и цивилизаций. ШОС демонстрирует особенную жизненную силу и привлекательные перспективы, а влияние ШОС повышается с каждым днем. В сильно изменяющейся международной архитектонике ШОС в соответствии с требованиями времени постоянно демонстрирует готовность к консенсусам по вопросам сотрудничества, играет активную роль в обеспечении стабильности и развития в регионе.

«Открытое сотрудничество»—ключевые слова ШОС, содержание которых заключается в способствовании углублению сельскохозяйственного сотрудничества между странами ШОС, в совместном реагировании на продовольственную безопасность и сокращении масштабов нищеты. В июне 2019 года на 19–м заседании Совета глав государств–членов ШОС председатель КНР Си Цзиньпин выдвинул инициативу о готовности китайской стороны создать в провинции Шэньси демонстрационную базу ШОС по обмену и обучению аграрным технологиям в целях укрепления сотрудничества в современном сельском хозяйстве между странами–членами. Эта инициатива в значительной степени учитывает жизненные интересы и озабоченность своим развитием большинства государств–членов ШОС и полностью соответствует глобальной реальной ситуации по продовольственной безопасности, поэтому она вызвала большой интерес и внимание у всех сторон.

В августе 2021 года на шестой встрече министров сельского хозяйства государств–членов ШОС была принята концепция о создании демонстрационной базы ШОС по обмену и обучению аграрным технологиям. На примере одной стороны можно видеть, что углубление сельскохозяйственного сотрудничества уже стало показателем консенсуса между государствами–членами ШОС.

Укрепление сельскохозяйственного сотрудничества является важным компонентом регионального экономического сотрудничества ШОС. В последние годы, когда глобальная экономика находится в депрессии, когда международные торговые правила сталкиваются с вызовами, в государствах–членах ШОС давление на развитие экономики, на улучшение жизни населения и на поддержание стабильности становится более сильным, а проблема дисбаланса в развитии–более серьезной. В сложившейся ситуации странам региона остро необходима возможность многостороннего сотрудничества. Аграрное сотрудничество позволяет эффективно способствовать развитию сельского хозяйства в засушливых и полузасушливых районах и в районах бесплодных земель, и расширение сферы торгово–экономического сотрудничества между государствами–членами, более того, аграрного сотрудничества имеет большое значение для реагирования стран Центральной Азии на продовольственную безопасность и для поддержания устойчивого развития. Секретариат ШОС готов совместно с государствами–членами всемерно выполнить цели и задачи, поставленные Советом глав государств–членов ШОС и Советом глав правительств, и содействовать сотрудничеству в таких областях, как производство и торговля сельскохозяйственной продукцией, зоо–и фитокарантинная безопасность, профилактика и контроль над трансграничными животными эпидемиями, обмен опытом растениеводства, семеноводства и животноводства, аграрные исследования и разработки, цифровизация сельского хозяйства, «умное» сельское хозяйство, инновационное применение агротехники, производство органических продуктов и т. д.

Необходимо усилить сотрудничество в реализации всех совместных проектов по сельскому хозяйству для углубления сотрудничества аграрного сектора ШОС в целом.

Чтобы решить проблемы дисбаланса развития, нужно непрерывно искать и совершенствовать новые модели регионального сельскохозяйственного сотрудничества. В отношении инноваций аграрной науки и техники и развития сельского хозяйства за счет новых моделей демонстрационная база ШОС по обмену и обучению аграрным технологиям предоставляет странам–членам ШОС «китайское решение» и разделяет с ними «китайский интеллект» по решению проблем сельскохозяйственного развития. Секретариат ШОС будет в полной мере укреплять роль демонстрационной базы ШОС по обмену и обучению аграрным технологиям как платформы и способствовать развитию прагматического сотрудничества в области сельского хозяйства стран ШОС.

Китай является первой развивающейся страной в мире, которая выполнила задачу по снижению уровня бедности до 2030 года в рамках намеченной ООН программы на тысячелетнее развитие. В настоящее время Китай стремится разделять успешный опыт снижения уровня бедности с другими странами путем подготовки кадров для помощи нуждающимся, создания цехов имени выдающегося мастера Лу Бань, реализации проектов рамочного сотрудничества в отношении Великого Шелкового Пути. Секретариат ШОС продолжит играть позитивную роль, прилагать усилия для укрепления тесного сотрудничества с демонстрационной базой ШОС по обмену и обучению аграрным технологиям и обеспечивать сильную поддержку всем странам в надежде на то, что они как можно скорее достигнут цели развития по снижению уровня бедности.

В настоящее время эпидемия коронавируса нового типа и международный конфликт чреваты препятствиями экономическому развитию. Энергетический кризис обостряется, не хватает продовольствия, цена на продовольствие продолжает расти–все это бросает серьезные вызовы государствам-членам ШОС и угрожает устойчивому развитию сельского хозяйства и продовольственной безопасности. В Китае есть пословица: «У кого есть устремления и сила воли, тот всегда добьется своей цели». Если государства-члены ШОС будут идти вперед рука об руку, плечом к плечу, твердо и неуклонно следовать Шанхайскому духу–взаимное доверие, взаимная выгода, равноправие и консультации, уважение разнообразия культур и стремление к общему развитию–объединенными силами совершать первопроходство и заниматься инновациями, углублять многостороннее сотрудничество в области сельского хозяйства, мы непременно сможем преодолеть все встречающиеся на пути трудности и риски и сообща проложим путь в светлое и прекрасное будущее.

Join Hands to Create a Bright Future

Zhang Ming, Secretary General of the SCO

After 21 years of development, the Shanghai Cooperation Organization has embarked on a road of multilateral cooperation featuring equality, mutual trust, mutual respect, and coexistence in harmony between diverse cultures and civilizations. The SCO has continually expanded its influence, displaying distinctive vitality and good prospects. Amid the drastically changing international environment, the SCO has been gathering the consensus of cooperation in accordance with the requirements of the times, contributing actively to promoting regional stability and development.

"Open cooperation" is regarded as a keyword of the SCO. Deepening agricultural cooperation among the SCO countries to jointly address the challenges of food security and poverty reduction is an important aspect of open cooperation. In June 2019, at the Nineteenth Meeting of the Council of Heads of State of the SCO Member States, Chinese President Xi Jinping put forward the proposal that "China is willing to set up a demonstration base for agricultural technology exchange and training in Shaanxi Province to strengthen cooperation with regional countries in the field of modern agriculture". The proposal has conformed to the reality of global food security, taken into full account the vital interests and development concerns of the majority of SCO member countries, and thus has aroused great interest and attention from all parties.

In August 2021, the Sixth Meeting of the Ministers of Agriculture of the SCO Member States approved the Concept of Creating the SCO Demonstration Base for Agricultural Technology Exchange and Training (the SCO Agricultural Base), fully demonstrating that deepening agricultural cooperation has become the consensus among the SCO member countries.

Strengthening agricultural cooperation is an important task of SCO regional economic cooperation. In recent years, global economic downturn and the challenges to international trade rules have increased pressures on the SCO member countries to develop economy, improve people's livelihood and maintain national stability, and has also accentuated the development imbalances, indicating the urgent need for more opportunities of multilateral cooperation. Through agricultural cooperation, agricultural development in arid, semi-arid and poor land areas will be effectively enhanced, and the economic and trade cooperation areas between member countries will also be expanded, which bears great significance for Central Asian countries to address food security and sustainable development.

The SCO Secretariat is ready to work together with the SCO member countries to fully implement the goals and tasks set by the Council of Heads of State and the Council of Heads of Government of the SCO Member States, and step up cooperation in agricultural production and trade, animal and plant quarantine safety, cross-border animal epidemic prevention and control, exchange of experiences in cropping, breeding and animal husbandry, scientific research in agriculture, agricultural digitalization, "smart" agriculture and application of agricultural innovation technologies, production of organic products and implementation of joint projects in various fields of agriculture, in an effort to advance the SCO agricultural cooperation.

Addressing development imbalances requires continuous exploration and refinement of new modes of regional agricultural cooperation. The SCO Demonstration Base for Agricultural Technology Exchange and Training provides "China Program" for the SCO countries and shares "Chinese wisdom" with them to solve agricultural development problems in the fields such as agricultural science and technology innovation and modern agricultural development mode. The SCO Secretariat will give full play to the role of the platform of the SCO Demonstration Base for Agricultural Technology Exchange and Training, to accelerate practical cooperation among SCO countries in agriculture.

China is the first developing country in the world to accomplish the target of poverty reduction by 2030 set in the UN Millennium Development Goals and is sharing its successful experience in poverty reduction with other countries through training on poverty alleviation, opening Luban Workshops and implementing cooperation projects under the framework of the Silk Road Community Building Initiative. The SCO Secretariat will continue to play an active role in strengthening close cooperation with the SCO Agricultural Base, to provide SCO member countries with strong support for early realization of poverty reduction goals.

At present, the COVID-19 pandemic and international conflicts have brought about negative impacts such as the impeded economic development, intensified energy crises, shortages of food supplies and sustained spikes in food prices, posing grave challenges to the sustainable development of agriculture and food security of the SCO member countries. As a Chinese saying goes, "Where there's a will, there's a way." As long as the SCO member countries work hand in hand, firmly and consistently follow the Shanghai Spirit of mutual trust, mutual benefit, equality, consultation, respect for diverse civilizations and pursuit of common development, forge ahead in an innovative and enterprising spirit, we will surely overcome all the difficulties and obstacles and embrace a bright future!

为上合组织农业发展贡献西农力量

吴普特

【内容提要】西北农林科技大学办学近90年来,始终聚焦强农兴农战略使命,深入推进"双一流"建设,为保障国家粮食安全、生态安全和助推干旱半干旱地区农业农村现代化提供了重要的科技支撑和人才保障。迈入新征程,学校深刻把握未来农业发展趋势,积极探索科技支撑农业可持续发展的体制机制模式,着力打造区域农业人才中心和创新高地。上海合作组织农业技术交流培训示范基地在杨凌落地建设,学校发扬历史主动精神,紧抓发展机遇,以新发展理念为指导,以"人才强校战略、国际化战略、信息化战略"为支撑,创新工作落实机制,扎实推进上合组织农业基地现代农业发展研究院、上合组织农业基地现代农业国际联合实验室和上合组织大学(牵头现代农业方向)等重点建设任务,力争从农业发展战略研究、农业科学与技术研究、高层次人才培养三个方面,为推进上合组织国家乃至世界农业科技合作作出新的更大贡献。

【关键词】上合组织;农业发展;上合组织农业基地;干旱半干旱地区农业;西北农林科技大学;上合组织大学

【作者简介】吴普特,西北农林科技大学校长。

2019年6月14日,习近平主席在吉尔吉斯斯坦首都比什凯克举行的上海合作组织成员国元首理事会第十九次会议上发表题为《凝心聚力 务实笃行 共创上海合作组织美好明天》的重要讲话,提出"中方愿在陕西省设立上海合作组织农业技术交流培训示范基地,加强同地区国家现代农业领域合作"。这一倡议为推动构建人类命运共同体谋划了新举措,注入了新动力,彰显了"上海精神"时代价值,为区域发展合作筑牢信心。

为贯彻落实习近平主席讲话精神，三年来，西北农林科技大学（简称"西农"）始终牢记"国之大者"，积极协调优化校内外科教资源，加快推进上合组织农业基地现代农业发展研究院、国际联合实验室、加入上合组织大学（牵头建设现代农业方向）以及开展上合组织国家高校间人文交流活动等重点建设任务，并组织专家学者主导或参与建设高水平现代农业技术示范园区、提升农业技术合作信息化水平、培育现代农业技术推广服务队伍等核心领域工作，为上合组织农业基地建设贡献了西农智慧，展现了西农担当。

一、聚焦强农兴农战略使命，深入推进"双一流"建设

2022年4月25日，习近平总书记在中国人民大学考察时强调，建设中国特色、世界一流大学不能跟在别人后面依样画葫芦，而是要扎根中国大地，走出一条建设中国特色、世界一流大学的新路。西北农林科技大学因国家战略而生、而兴、而为，始终与国家发展同频共振、同向同行。办学近90年来，学校秉承"经国本、解民生、尚科学"的办学理念，扎根西部大地，切实履行服务国家战略和区域经济社会发展的崇高使命，为保障我国粮食安全、生态安全和助推干旱半干旱地区农业农村现代化提供了重要的科技支撑和高水平人才保障。

学校深入学习贯彻习近平总书记重要讲话精神，承担好强农兴农"国家队"的重要使命，坚持目标导向、问题导向，抢抓机遇、乘势而上，坚持把立德树人成效作为检验学校一切工作的根本标准，把服务国家作为最高追求。根据国家战略需求和区域发展需要，紧密围绕新时代学校四大学科使命，按照建设高峰学科与优化学科布局相结合、对标一流发展与突出优势特色相结合的原则，以五大学科群建设为战略抓手，突出植物保护、畜牧学两个主建学科的牵引带动作用，统筹推进使命导向型、强基固本型、新兴交叉型"三型"学科建设，构建符合中国特色世界一流农业大学可持续发展的学科体系。

为破解在西部欠发达地区如何建设和建成什么样世界一流农业大学的战略命题，学校制定了《关于深入贯彻落实习近平总书记回信重要精神，

加快推进世界一流农业大学建设的实施意见》，围绕党中央赋予的强农兴农战略使命，研究提出并深入落实"12345"发展思路，即聚焦立德树人这一根本任务，坚持"顶天""立地"两个努力方向，深入实施人才强校、国际化、信息化三大战略，切实履行服务粮食安全、生态文明、人类健康、乡村振兴四大学科使命，积极创建卓越农林人才培养的标杆、引领干旱半干旱地区未来农业发展的标杆、助力实施乡村振兴战略的标杆、助推"一带一路"建设的标杆、深化校地融合发展的标杆，为坚守农林特色、破解发展制约因素、培养知农爱农新型人才、履行职责使命、推动高质量发展提供了价值引领和基本遵循。

二、把握未来农业发展趋势，建设区域农业人才中心和创新高地

农业是人类衣食之源、生存之本，也是新时代不断满足人民日益增长美好生活需要的基础。当前，全球人口增长、生态恶化、水资源短缺等问题日趋严峻，对世界特别是发展中国家农业发展带来诸多挑战。在新一轮科技革命中，生物技术、信息技术、先进制造技术、新能源技术快速突破，又给农业发展带来前所未有的重大机遇。解决世界农业问题、实现农业可持续发展，关键在于科技进步，核心是建立科技支撑农业可持续发展的体制机制模式，依靠科技创新的力量走出一条"产出高效、产品安全、资源节约、环境友好"的发展新路。

学校围绕创建中国特色世界一流农业大学的内在需求，全面实现从"以外促内"为主向"以外促内"与"走出去作为"并重转变，不断强化教育、科技国际合作与文化交流，大力培育更具全球视野和竞争力的国际化人才，持续提升学校核心竞争力和国际影响力，积极推进助推"一带一路"标杆建设，为服务国家开放发展新格局和"一带一路"建设作出新贡献。

在推动构建人类命运共同体理念指引下，学校加强与"一带一路"沿线国家和上合组织成员国的合作，充分发挥中国农业和农业高等教育发展优势，积极分享中国旱区农业技术，为提高区域现代农业发展水平贡献了西农力量。2016年，西北农林科技大学积极响应"一带一路"倡议，发起

成立了"丝绸之路农业教育科技创新联盟",目前已有18个国家的95家科教机构和企业加盟。在联盟框架下,学校与当地科教单位、中资企业先后在哈萨克斯坦、乌兹别克斯坦、吉尔吉斯斯坦、巴基斯坦、白俄罗斯等五个国家建成八个海外农业科技示范园,开展作物育种、旱地节水灌溉技术和绿色生产技术等领域的科技合作,有效带动了当地农业增产增收。这些举措不仅有助于推动区域国家农业和经济发展,也展现了中国践行"大国担当",积极开展国际减贫合作,履行减贫国际责任,助力全球早日实现《联合国2030年可持续发展议程》减贫目标。

三、发扬历史主动精神,建设好上合组织农业基地

上合组织成员国国土面积为3406万平方千米,占全球陆地面积的23%;人口约31.9亿,占全球总人口的42%。农业是上合组织成员国经济的重要组成部分,巴基斯坦、塔吉克斯坦、乌兹别克斯坦、印度和吉尔吉斯斯坦等国家的农业占GDP比重都超过10%。近年来,借助各国间自然资源和农业经济的互补性,农业合作成为上合组织国家间合作的重要内容。

上合组织成员国大多处于干旱半干旱地区,农业生产环境与我国西北旱区相近,但普遍存在生产效率不高、科技水平落后、作物产量较低、农业技术人才短缺等共性问题,未来粮食生产潜力大。建设上合组织农业基地,发挥中国高等农林教育优势,加强各国在农业领域的交流,联合开展人才培养、技术攻关、科技推广等合作,对促进各国区域经济可持续发展、保障人类粮食安全、构建人类命运共同体具有深远意义。

学校把上合组织农业基地建设放在国家发展大局和"一带一路"建设大局来思考和推进,承担了上合组织农业基地现代农业发展研究院、上合组织农业基地现代农业国际联合实验室和上合组织大学(牵头现代农业方向)等三项重点建设任务,从农业发展战略研究、农业科学与技术研究、高层次人才培养等三个方面发力。

上合组织农业基地现代农业发展研究院以"牢记使命,聚焦定位,开放合作,共续发展"为工作总方针,开展现代农业发展战略研究、技术集成示范模式与标准研究、技术人才培训体系与成效评价研究,以及相关的

高层次人才培养、智库建设及学术交流活动。研究院在项目选题、智库建设和人才培养方面，突出"服务国家战略需求，切实解决干旱半干旱地区农业发展难点问题"这一核心主题，开展前瞻性、针对性、储备性的政策研究，为我国与上合组织国家在农业领域开展合作提供了决策依据和行动方案。

上合组织农业基地现代农业国际联合实验室确立了作物逆境生物学与种质创新、水土保持与生态环境、旱区绿色智能节水灌溉装备、畜禽水产种质创新与健康养殖、经济林果种植与品质改良、作物重大病虫害绿色防控、智能农业装备、兽医生物技术、农产品加工与食品安全、作物遗传改良与绿色生产、农业生物资源高效利用、农业政策和农业经济等12个研究方向，通过联合上合组织国家的大学和科研机构，利用既有合作平台，创新运行机制，打造了一支多国别和多学科的交流与合作研究队伍。

上合组织大学（牵头现代农业方向）以"共赢共生，创新创造，互学互鉴"为办学理念，全面加强上合组织国家农业高等教育合作，推动本地区农业高等教育产学研高度融合和成果共享，全面加强农业实用人才培训，为上合组织国家培养了一批懂汉语、会管理、精技术的复合型高层次农业人才。

四、紧抓发展机遇，以改革创新的奋斗精神扎实推进上合组织农业基地建设任务

目前，学校承担的上合组织农业基地重点建设任务正在有序推进，并取得了重要进展。下一阶段，学校将以更高的政治站位、更高的标准要求扎实推进基地建设任务。

用新发展理念指导上合组织农业基地建设。把完整准确全面贯彻新发展理念、积极服务构建新发展格局作为学校推进上合组织农业基地建设的根本遵循，坚持解放思想、追求卓越，大力弘扬"西农精神"，促进学校追赶超越、争创一流。坚持与时俱进，时刻紧跟新形势新变化新要求，在实践中不断提升，在提升中加快发展。强化战略思维，坚持问题导向和目标导向相结合，敢于破解发展难题，敢于走出新路子，敢于挑战新高度，

高标准高质量完成学校承担的基地建设任务。

用"三大战略"支撑上合组织农业基地建设。将实施人才强校战略、国际化战略、信息化战略与上合组织农业基地建设深度融合，统筹推进。做好顶层设计和战略谋划，充分激发全校各类人才在上合组织农业基地建设中的创造性和贡献力。坚持以世界眼光和开放思维推进上合组织农业基地建设，强化国际担当，增强国际影响。把信息化战略实施深度融入基地建设各方面全过程，在支撑引领人才培养、科学研究、社会服务、国际交流、校地合作等发展变革中提升基地建设新高度。

用新的工作机制激励上合组织农业基地建设。坚持"全校一盘棋"，建立上合组织农业基地建设任务的落实机制和激励政策，对学校承担的上合组织农业基地建设重点任务建立协同机制，对上合组织农业基地现代农业发展研究院智库团队建设探索"揭榜挂帅"机制，对上合组织现代农业国际联合实验室等需要大胆探索或攻坚克难的创造性工作建立相对宽松的容错机制，对推进基地建设任务过程中作出创造性突出贡献者加强表彰奖励。

未来，学校将继续承担好上合组织农业基地赋予的各项职责，把基地建设与学校"十四五"规划、"双一流"建设和创建"五大标杆"等发展战略规划相结合，充分发挥中国农业和农业高等教育发展的比较优势，加强与上合组织各国在农业领域的交流与合作，提升学校在干旱半干旱地区农业科技领域的引领与人才支撑的地位与作用，为提高世界现代农业的发展水平贡献西农力量、作出西农贡献。

我们坚信，在上合组织秘书处和农业农村部、科技部、外交部等国家部委的大力支持下，在陕西省委、省政府的坚强领导下，上合组织农业基地建设一定会高标准高质量地推进务实合作，一定会朝着纵深方向发展，为实现区域间的互利共赢作出应有贡献。

Силы Северо-западного университета на службе развития сельского хозяйства ШОС

У Путэ

Аннотация: За последние 90 лет с момента своего основания Северо-западный научно-технический университет сельского хозяйства (Северо-западный университет) стремится выполнять стратегическую миссию по укреплению и развитию сельского хозяйства, продвигая строительство университета по модели «двойного первого класса», предоставляя научную поддержку и развертывая подготовку технических кадров в целях обеспечения национальной продовольственной и экологической безопасности. Университет прилагает усилия к способствованию модернизации сельского хозяйства в засушливых и полузасушливых районах. Вступив на новый путь, Северо-западный университет фокусируется на будущей тенденции развития сельского хозяйства, активно работает над моделями системы и механизма для поддержки устойчивого развития сельского хозяйства за счет науки и технологий, стремясь создать региональный агротехнический центр для достижения инновационной высоты. Во время создания демонстрационной базы ШОС по обмену и обучению аграрным технологиям, руководствуясь исторической инициативой, северо-западный университет крепко держится за возможности развития и на основе новых концепций активно способствует выполнению выжных строительных задач, принял активное участие в строительстве таких проектов, как научно-исследовательский институт развития современного сельского хозяйства, сельскохозяйственная база ШОС, международная совместная лаборатория и университет ШОС. Мы прилагаем усилия к научным исследованиям по стратегиям развития сельского хозяйства, подготовке талантов высокого уровня, внеся новый больший вклад в развитие сотрудничества в области науки и агротехники между странами ШОС и странами мира.

Ключевые слова: ШОС; развитие сельского хозяйства; База ШОС по обмену и обучению аграрным технологиям; сельское хозяйство в засушливых и полузасушливых районах; Северо-западный университет сельского и лесного хозяйства; Университет ШОС

Об авторе: У Путэ–ректор Северо-западного научно-технического университета сельского хозяйства Китая.

Contributing the Force of NWAFU to the SCO Agricultural Development

Wu Pute

Abstract: In the past 90 years, Northwest Agricultural and Forestry University (NWAFU) has been focusing on the strategic mission of strengthening and invigorating agriculture and promoting the "Double First–class" university construction, providing important scientific and technological support and talent guarantee for ensuring national food security, ecological security and promoting agricultural and rural modernization in arid and semi—arid areas. On the new journey, NWAFU profoundly grasps the future agricultural development trend, actively explores the system, mechanism and mode of science and technology supporting the sustainable development of agriculture, and strives to build a regional agricultural talent center and innovation highland. The SCO Demonstration Base for Agricultural Technology Exchange and Training is under construction in Yangling. NWAFU carries forward the initiative developed throughout its history, to grasp the development opportunity. Guided by the new development concept and supported by "the strategy of strengthening the university by talents, the internationalization strategy and the informatization strategy", the University innovates the implementation mechanism of the work, and solidly promoted the key construction tasks such as the Modern Agricultural Development Research Institute of the Shanghai Cooperation Organization Agricultural Base, the International Joint Laboratory of Modern Agriculture Base of the SCO Agricultural Base and the SCO University, which will make new and greater contributions to the promotion of SCO countries and even the world's agricultural scientific and technological cooperation through three aspects:

agricultural development strategy research, agricultural science and technology research and high-level talents cultivation.

Keywords: SCO Agricultural Base; agriculture in Arid and Semi-arid Areas; Northwest Agriculture and Forestry University; SCO University

Author: Wu Pute, President of Northwest Agriculture and Forestry University.

科技创新示范引领旱区现代农业发展

康振生

【内容提要】 西北农林科技大学秉承"经国本、解民生、尚科学"的办学理念,牢记支撑和引领干旱半干旱地区现代农业发展的重要使命,走出了一条产学研紧密结合的特色办学之路,为支撑旱区农业创新储备了科研力量,为推动旱区农业科技创新提供了智力支撑,为促进黄土高原特色农业发展作出了积极贡献,尤其在保障国家粮食安全、推进旱区作物抗逆研究、创新性开展黄土高原综合治理方面贡献了"杨凌方案"。西北农林科技大学也为农业科技创新示范推广打造了重要平台,还为"一带一路"旱区农业国际合作拓宽了交流渠道。

【关键词】 农业发展;粮食安全;旱区农业科技;黄土高原综合治理;西北农林科技大学;旱区节水农业技术

【作者简介】 康振生,中国工程院院士,西北农林科技大学植物保护学院教授、博士生导师,旱区作物逆境生物学国家重点实验室主任。

西北农林科技大学自1934年建校以来,秉承"经国本、解民生、尚科学"的办学理念,承远古农神后稷之志,行当代"教民稼穑"之为,走出了一条产学研紧密结合的特色办学之路。学校牢记支撑和引领干旱半干旱地区现代农业发展的重要使命,始终以科技创新示范为引领,以推动旱区农业高质量发展为目标,为服务保障我国粮食安全、推动生态文明建设、加强国际交流合作作出了重要贡献。

一、为支撑旱区农业创新储备科技力量

我们着力实施人才强国战略，把发展科技第一生产力、培养人才第一资源、增强创新第一动力更好结合起来，发挥基础研究深厚、学科交叉融合的优势，不断强化国家旱区战略科技力量，提升国家创新体系整体效能，营造良好人才创新生态环境。一是持续深化科教体制改革。1999年9月，将同处杨凌的原西北农业大学、西北林学院、中国科学院水利部水土保持研究所等七所科教单位合并组建成立西北农林科技大学，集聚专职教师队伍2000余名，快速发展成为教育部直属、国家原"985工程"和"211工程"重点建设高校，首批入选国家"世界一流大学和一流学科"建设高校。二是成为全国农林水学科最为齐备的高等农业院校。学校现有7个国家重点学科和2个国家重点（培育）学科；农业科学、植物学与动物学、工程学、环境科学与生态学、化学、生物学与生物化学、药理学与毒理学、分子生物学与遗传学、微生物学、地球科学等10个学科进入ESI全球学科排名前1%，农业科学、植物学与动物学、一般社会科学3个学科进入ESI前1‰之列。三是农业科技创新平台布局不断优化。学校先后获批建设省部级以上科技创新平台97个，其中国家重点实验室2个，国家级工程实验室、工程技术研究中心、野外观测研究站等平台7个，省部级各类科技创新平台88个。累计培养输送各类人才20余万名，毕业生遍布海内外，有19位校友成为两院院士，为中国西北乃至全国农业现代化建设及农村经济社会发展作出了重要贡献。坚持区校一体融合发展，全力打造世界知名农业科技创新城，不断汇集旱区农业发展的创新资源和科研力量。

二、为推动旱区农业科技创新提供智力支撑

我们以国家战略需求为导向，着力解决影响制约国家发展全局和长远利益的重大科技问题，充分发挥科技创新的引领带动作用，努力在旱区农业原始创新上取得新突破，在重要农业科技领域实现跨越发展，推动关键核心技术自主可控，有力支撑农业现代化发展。一是重点学科建设紧扣旱

区农业发展需求。学校站位国家战略需求和区域发展需要，聚焦干旱半干旱地区农业基础研究和应用研究，在农作物遗传育种与病虫害防治、水土保持与生态修复、旱区农业高效用水、经济林果育种与栽培、畜禽良种繁育与健康养殖、农业生物技术、设施农业工程、葡萄与葡萄酒等研究领域形成鲜明特色和优势。二是科研成果有力支撑旱区农业生产。先后建立了干旱半干旱地区小麦、玉米、油菜、马铃薯、苹果等生物育种技术体系，审定通过的农作物新品种达768个、苹果新品种12个。尤其在小麦条锈病防控、牛羊体细胞克隆、苹果抗逆生物学、动物胚胎干细胞研究、小麦杂交育种及黄土高原水土保持与生态建设等方面取得重要突破，累计获得国家级奖励43项，省部级以上科研成果奖励462项。三是关键核心领域呈现重大突破。从率先利用差减文库筛选小麦抗病关键基因、大规模验证基因功能、条锈菌全基因组测序，到首次证实了条锈菌有性生殖在野外的发生以及在病菌变异中的作用等，已实现了在本领域从跟跑、并跑到领跑的转变。参与完成的世界首个六倍体小麦基因组图谱研究成果入选2018年度世界十大科技进展。在打造干旱半干旱地区农业科技创新高地、抢占世界农业科技制高点上贡献了积极的智力支撑。

三、为保障国家粮食安全作出重要贡献

种子是我国粮食安全的关键。只有用自己的手攥紧中国种子，才能端稳中国饭碗，才能实现粮食安全。我们坚决服务国家种业科技自立自强，始终以旱区农业种源自主可控为己任，努力培育具有自主知识产权的优良品种和绿色高效栽培管理技术体系，从源头上保障国家粮食安全。一是持续引领黄淮麦区小麦优质高产品种更新换代。学校培育出了世界累计推广面积最大的优良小麦品种"碧蚂1号"，长期主导我国小麦品种换代的远缘杂交小麦良种"小偃6号"。育成一系列优质、多抗、高产等多性状聚合的小麦新品种"西农511""西农529"等优质强筋、绿色抗病国审小麦新品种18个，省审62个。以"西农"系列小麦品种为代表的重大技术创新与应用，主导了黄淮麦区小麦品种6次更新换代中的4次，累计推广20多亿亩。"西农979"连续11年被推介为黄淮麦区主导品种，累计推广面积达1.53

亿亩。二是着力为西北地区玉米种植贡献主栽品种。育成玉米新品种20个，其中国审玉米品种6个，"陕单609"已成为陕西玉米生产的主栽品种，创造了夏玉米亩产800公斤、旱作春玉米亩产900公斤和灌溉春玉米亩产1100公斤的纪录。"陕单636""陕单650"等玉米品种破解了玉米全程机械化籽粒收获的瓶颈，推动了玉米生产方式的革命。三是产出了一批引领性代表性重大农业新品种。良种牛羊胚胎规模化生产技术，培育出我国黄牛最具代表性的秦川牛品种，引种并育成莎能奶山羊，带动了西部地区畜牧产业化发展。在瓜果蔬菜等方面涌现出一批优质新品种，第一个获得国家发明奖的西瓜品种"西农8号"在主产区大面积种植，培育出大白菜、青椒、甘蓝、黄瓜、西红柿、红薯等蔬菜新品种，有效保障了蔬菜供应。杂交油菜育种技术世界领先，"秦优7号"成为全国推广面积最大的双低优质杂交油菜品种，为保障我国油料自主安全作出了重大贡献。四是构建农作物重大病害防控技术体系。创立小麦条锈病菌源基地综合治理体系，有效阻断由甘肃陇南向黄淮海的传播路径，每年挽回小麦损失近20亿公斤。研究建立小麦赤霉病防治技术体系在生产中得到大面积推广应用，防治面积累计1.0785亿亩次，挽回小麦损失23.3亿公斤。小麦条锈病防治技术先后在肯尼亚、埃塞俄比亚、土耳其等国家实施推广，年均挽回小麦损失20亿公斤，增收节支10亿余元。学校研发推广应用的一批农作物优良新品种和先进重大病害防控技术体系，为提升我国主粮生产能力、保障国家粮食安全作出了巨大贡献。

四、为旱区作物抗逆研究贡献核心技术

我们根据粮食安全与生态安全的国家战略需求，围绕旱区作物逆境生物学的核心科学问题，深入开展旱区作物抗逆研究，建设特色鲜明、国内一流、国际知名的旱区作物逆境生物学研究中心，打造我国旱区农业高层次创新人才的培养基地和高水平成果的研发基地。一是积极开展旱作农业基础与应用基础研究。以旱区作物与逆境胁迫为主题，站位粮食安全与生态安全需求，深度发掘资源、揭示机理、服务生产，从旱区特有资源入手，发掘作物抗逆种质与基因资源；利用现代生物学技术，深入研究作物非生

物胁迫的应答机理,以及作物与病虫互作机理;通过作物抗逆种质创新与品种设计,培育抗逆广适、高产优质的作物新品种,为旱区农业生产的高效可持续发展提供理论基础和技术支撑。二是重点开展旱区作物适应与抵御逆境的生物学基础及其改良与防控的开拓性研究。围绕旱区农业生产中的逆境因子这一前沿科学问题,主持科研项目500余项,获得国家及省级科学技术进步奖近30项,在国内外期刊发表论文3500余篇,其中SCI收录2240篇;出版著作30余部;培育出适用于我国旱区生产利用的小麦、玉米、油菜、小杂粮、苹果等品种79个;获国家发明专利63项,植物新品种权3项。三是积极与国际著名大学和科研机构开展合作与交流。积极拓展国际科技教育合作与交流,先后与普渡大学联合研究中心、中澳生物与非生物逆境治理联合研究中心、中加农业与食品联合研究中心、NWAFU-ICARDA旱区农业联合研究中心和国际联合苹果研究中心等五个国际研究中心联合建立国际合作研究机构。先后主办承办国际学术会议25次。邀请美国科学院史蒂文·林多(Steven E. Lindow)院士、悉尼大学植物育种研究所罗伯特·麦克因托施(Robert McIntosh)院士等300余位国内外著名科学家来重点实验室进行讲学、合作研究和学术交流;200余人次出国参加国际学术会议、合作研究。通过加强与世界一流大学和学术机构的实质性合作,形成了全方位、多层次、多渠道的国际合作交流新格局。

五、为黄土高原综合治理提供技术方案

我们秉持绿水青山就是金山银山的理念,致力于黄土高原水土流失治理、退耕还林还草工程实践、区域农业高效用水研究等技术体系和模式探索,为推动黄河流域综合治理和高质量发展作出了突出贡献。一是大力推动农业工程学科发展。重点致力于土壤侵蚀过程与模拟、水土保持与生态修复、旱地农业与水土资源高效利用的研究,解决水土保持与生态建设中的重大科学技术问题。作物需水机理与调控和节水关键产品与装备两个学科方向经学校双一流建设专家组认定达到世界一流,初步实现农业工程学科达到国内领先国际知名。二是为黄土高原生态环境建设提供技术方案。研究形成黄土高原植被演替原理与定向修复技术体系、沟壑侵蚀阻控与水

土保持技术体系、退耕还林还草技术等方面形成了系统化技术解决方案。率先提出"黄土高原28字方略"（全部降水就地入渗拦蓄、米粮上川下塬、林果下沟上岔、草灌上坡下坬）和退耕还林还草建议，为中国制定黄土高原水土流失治理方案提供了科学依据。黄土高原年入黄泥沙由原来的16亿吨减少到2亿吨以下。构建的土壤侵蚀调控技术体系，攻克了黄土高原生态环境建设这一世界难题，为实施退耕还林工程提供了技术支撑，助推黄土高原植被覆盖由1999年的31.6%提高至2019年的65.0%以上，陕西绿色版图向北推进400公里，为国家实施退耕还林（草）工程发挥了重要作用。三是推动发展北方旱区节水农业技术创新。构建了我国旱区农业高效用水及科学施肥的理论与技术体系，旱区现代农业研究及产业化发展处于全国领先地位。形成了黄土高原集雨补灌技术体系、旱区作物水肥联合调控技术、灌区水情远程监测技术、节水灌溉新装备等一系列旱区节水农业技术与新产品，在北方10个省区得到示范推广。

六、为黄土高原特色农业发展作出引领示范

黄土高原是我国人口、资源、环境矛盾最集中区域。长期受限于干旱缺水，生态环境极为脆弱，农作物不易生长，农业产业发展相当艰难。我们重点开展经济林果、优质畜牧等特色农业创新与应用，积极示范带动当地农民调整产业、增产增收、脱贫致富，为全面建成小康社会和乡村振兴作出了重要贡献。一是推动黄土高原成为中国最大优质苹果集中产区。学校自主培育"秦冠"苹果优良品种，推广种植面积达到了世界最大。"瑞阳""瑞雪""瑞香红""秦脆""秦蜜"等苹果新优品种及其高产优质技术，引领了中国苹果品种更新换代，支撑引领黄土高原成为世界公认、中国最大的优质苹果生产基地。黄土高原苹果栽培面积达到1800万亩，占中国的二分之一、世界的五分之一，年产值1200多亿元，带动300多万农户实现增收致富。二是示范带动中国北方猕猴桃产业发展。建立了中国最大的猕猴桃试验示范站，先后培育出"脐红""农大金猕"等系列新品种，开展标准化技术示范，助推陕西省猕猴桃"东扩南移"，栽培面积达到97万亩，占到中国总面积的近50%，超过20万农户从事猕猴桃生产，成为猕猴桃生

产、加工第一大省，产量占全球33%。三是引领推动我国西北葡萄酒新产区发展壮大。创办了国内第一个葡萄与葡萄酒专业，培养的葡萄与葡萄酒专业技术人才占全国葡萄酒行业的三分之二。示范推广酿酒葡萄产业布局、葡萄新品种、葡萄酒加工以及行业技术标准等重大成果，探索推广从土地到餐桌的葡萄酒产业链关键技术体系，带动我国西部干旱半干旱地区发展成为葡萄酒新兴产区，发展酿酒葡萄65万亩，年产酿酒葡萄30万吨，有力加速了我国葡萄酒行业科技进步和产业发展整体进程。四是促进西北黄土高原畜牧业发展。培育出我国黄牛最具代表性的品种"秦川牛"，在陕甘宁等省区推广45万头，建立健全良种扩繁及杂交改良技术体系，受胎率超过87.5%，良种扩繁效率提高30%以上，指导培育国家级和省级龙头企业12家，创造社会经济效益330多亿元。引种并育成西农莎能奶山羊，推动陕西成为我国最大的奶山羊产区和优良奶山羊品种的发源地，为我国羊乳产业大发展作出重要贡献。长期以来，学校持续通过区域农业主导产业的品种改良与更新换代，源源不断地为黄土高原特色农业发展提供科技供给，推进旱区农业供给侧结构性改革纵深发展，促进小康社会和共同富裕建设，为西北乃至全国农业现代化建设及农村经济社会发展作出了重要贡献。

七、为科技创新示范推广打造重要平台

我们积极弘扬学校贴近"三农"、服务社会的优良传统，充分发挥社会服务功能，面向国家和区域主导产业发展需求，积极开展科技成果示范推广和产业化服务工作，着力打通农技推广"最后一公里"，真正践行"把论文写在祖国的大地上"。一是率先探索实践以大学为依托的农业科技推广新模式。学校先后与500多个地方政府或龙头企业建立科技合作关系，在区域主导产业中心地带建立农业科技试验示范站28个、示范基地46个，构建了大学农业科技成果进村入户的快捷通道，累计创造直接经济效益800多亿元。探索实践"三团一队"帮扶工作模式，相关工作案例连续两年获评教育部直属高校十大典型项目，连续四年在中央单位定点帮扶工作考核中获得"好"的等次。二是搭建科技成果产业化平台。聚力打造陕西秦创原农业板块总窗口、总平台，探索建立了"原始创新—成果中试—企

业孵化—产业成长"的成果转化链条，健全成果集聚、筛选评估、转化撮合机制，组建科技经纪人队伍，举办农作物新品种观摩、科技成果路演等活动，促进成果交易转化。重点围绕现代种业、耕地保护与质量提升、智能农机装备、农产品精深加工、果业、畜牧业、节水工程、病虫害绿色防控等领域，协同建设一批产业技术创新中心。三是推动科技成果转移转化。学校持续激发科研人员创新活力，在科技成果转化、科技人员兼职取酬等方面先行先试，开展职务科技成果股权和分红权激励试点，鼓励科技人员带科研项目和成果到新型农业经营主体开展创新工作，小麦新品种"西农511"技术转让费455万元，苹果新品种"瑞香红""秦脆"以1100万元、1200万元苗木经营权转让费连续刷新全国纪录，水产病害防控技术成果转让及合作费达到1000万元。学校积极发挥社会服务功能，面向国家和区域主导产业发展需求，积极开展科技成果示范推广和产业化服务工作，有效促进现代农业科技成果在田间地头"开花结果"，切实为服务新时代农业农村现代化建设提供了重要智力支持。

八、为旱区农业国际合作拓宽交流渠道

我们持续扩大农业科技领域的开放合作，统筹发展和安全，以全球视野谋划和推动创新，主动融入全球科技创新网络，深度参与全球科技治理，协同解决旱区农业面临的重大挑战，努力推动农业科技创新成果惠及更多国家和人民。一是国际交流合作平台建设不断加快。与示范区共建的上合组织农业基地建成并投入使用，成立了上合组织农业基地现代农业发展研究院，组建上合组织农业基地现代农业国际联合实验室，加入上合组织大学（牵头现代农业方向）。中非现代农业技术交流示范和培训联合中心正在加快建设。二是创建了"丝绸之路农业教育科技创新联盟"。牵头组建了丝绸之路农业教育科技创新联盟，吸引来自丝路沿线18个国家95家科教机构和企业加盟，成为农业农村部认定的首批国家农业科技创新联盟之一。在丝路沿线国家建立八个农业科技示范园和四个海外人才培养基地。探索建立的"科技引领、企业主体、多方协同、市场导向"的海外农业科技示范园建设模式，得到丝绸之路沿线国家的普遍认可。三是主动融入"一带

一路"建设。学校先后与全球60多个国家在现代农业领域建立了合作关系，其中开展合作的"一带一路"沿线国家和地区超过50个，与哈萨克斯坦农业部等20多个沿线国家政府部门签订了加强农业合作的有关协议，开展国际交流合作活动300余项，布局建设了中哈、中澳、中德、中俄等一批国际农业科技合作园区。四是扎实开展农业技术援外培训。与示范区共同举办上合组织现代农业发展圆桌会议、基地专题推介会、国际农业科技论坛等活动12场次，实施国际农业科技援外培训8期，共计330名农业官员和技术人员参训。举办现代农业"云讲座"9期，培训7600多人次。五是举办了一系列高规格国际学术会议。学校举办了世界苹果大会、世界猕猴桃大会、世界奶山羊产业发展大会、国际葡萄与葡萄酒学术研讨会、肉牛遗传改良与产业化国际研讨会、全球土壤侵蚀研究高层论坛、土地养分限制国际研讨会、丝绸之路国际产学研用合作会议、"一带一路"生态环境保护与可持续发展国际研讨会等，扩大了杨凌示范区的国际影响力。

立足新发展阶段，贯彻新发展理念，构建新发展格局，推动高质量发展，必须深入实施科教兴国战略、人才强国战略、创新驱动发展战略，完善国家创新体系，加快建设科技强国，实现高水平科技自立自强。西北农林科技大学将面向世界科技前沿，聚焦旱区农业重大科学问题和关键核心技术问题，力争在理论研究上实现更大突破，在应用研究上产出更多成果，在科技创新推广上取得新成就，切实解决好干旱半干旱地区农业的可持续发展，努力为中国与上合组织成员国的农业高质高效发展提供坚实的科技支撑，奋力践行习近平主席设立上合组织农业基地的重大倡议，为构建上合组织人类命运共同体贡献"杨凌方案"和"杨凌智慧"。

Развитие современного сельского хозяйства в засушливых районах на основе научно-технических инноваций

Кан Чжэньшэн

Аннотация: Северо–Западный университет сельского и лесного хозяйства придерживается концепции «стоять на реальной почве своей страны, заботиться о жизни населения и уважать науки», твердо помнит важную миссию поддержки сельского хозяйства, осознает свою лидирующую роль в развитии современного сельского хозяйства в засушливых и полузасушливых районах, открыл способ подготовки, заключающийся в сочетании производства, учебы и научных исследований. Университет готовит агротехнические кадры инновационного типа и содействует научной разработке сельского хозяйства в засушливых районах, внося позитивный вклад в такие направления, как продвижение роста характерного сельского хозяйства на Лёссовом плато, обеспечение национальной продовольственной безопасности и повышение устойчивости сельскохозяйственных культур в засушливых регионах, инновационные разработки сельскохозяйственных культур и т. д. Для комплексного решения проблем на Лёссовом плато Университет предоставляет «Решение Янлин» для создания показательной платформы сельскохозяйственных научных и технологических инноваций, вместе с тем, Университет расширяет каналы связи для международного сотрудничества в области сельского хозяйства в засушливых регионах в рамках «Пояса и пути».

Ключевые слова: Развитие сельского хозяйства; продовольственная безопасность; агротехника; комплексное управление на Лёссовом плато; Северо–Западный университет сельского и лесного хозяйства; водосберегающая агротехника в засушливых районах

Об авторе: Кан Чжэньшэн, академик Китайской инженерной академии, профессор и научный руководитель докторантуры Северо-западного университета сельского и лесного хозяйства, директор Государственной ключевой лаборатории по отрицательной биологии сельскохозяйственных культур в засушливых регионах.

Technological Innovation Demonstration Leading the Development of Modern Agricultural in Arid Areas

Kang Zhensheng

Abstract: Northwest Agricultural and Forestry University adheres to the concepts of "consolidating national foundation, understanding people's livelihood and pursuing science" and bearing in mind the important mission of supporting and leading modern agricultural development in arid and semi-arid areas. It has cleared a path for running the university with close combination of production, education and research, reserved research strength for supporting agricultural innovation in arid region, provided intellectual support for promoting agricultural science and technology innovation in arid region, and made positive contributions to promoting agricultural development characteristic of Loess Plateau, especially contributing the "Yangling Program" to safeguarding national food security, promoting crop resistance research in arid areas, and innovative development of comprehensive treatment of the Loess Plateau. NWAFU has also created an important platform for demonstration and popularization of agricultural science and technology innovation, and broadened the exchange channel for agricultural international cooperation in the arid areas along the Belt and Road routes.

Keywords: agricultural development; food security; agricultural technology in arid areas; comprehensive management of the Loess Plateau; Northwest Agriculture and Forestry University; water-saving agricultural technology in arid areas

Author: Kang Zhensheng, Academician of Chinese Academy of Engineering, Professor, Doctoral Supervisor at the College of Plant Protection,

Northwest Agriculture and Forestry University, and Director of State Key Laboratory of Crop Stress Biology for Arid Areas.

深入践行习近平主席关于建设上合组织农业基地的重大倡议，奋力打造"一带一路"现代农业国际合作中心

黄思光

【内容提要】习近平主席关于建设上合组织农业基地的重大倡议提出三年来，杨凌示范区党工委始终牢记习近平主席的殷殷嘱托，坚决扛起重大政治任务，牢牢扭住基地"交流、培训、示范"核心功能定位，强机制、建平台、作示范、促合作，推动基地建设从倡议转化为行动，从愿景转化为现实。新征程上，我们将坚定不移沿着习近平主席指引的前进方向，始终把上合组织农业基地建设摆在重中之重的位置，坚持"立足中国、辐射上合、联动周边、面向全球"，统筹推进基地建设重大项目、关键环节、重点工作，将基地建设成为上海合作组织国家农业科技创新高地、人才高地、产业高地，推动"一带一路"现代农业国际合作中心建设迈出新步伐。

【关键词】上合组织；现代农业；国际合作；杨凌示范区；上合农业基地

【作者简介】黄思光，杨凌示范区党工委书记。

2019年6月14日，习近平主席在上合组织成员国元首理事会第十九次会议上提出"中方愿在陕西省设立上海合作组织农业技术交流培训示范基地，加强同地区国家现代农业领域合作"的重大倡议。随后，省委、省政府和外交部明确表示，支持以杨凌为依托建设上合组织农业基地。习近平

主席的重大倡议，赋予杨凌在更高层面履行国家使命新的内涵，为我们推进更高水平开放指明了前进方向，提供了根本遵循。我们要深入学习贯彻习近平主席的重大倡议，自觉把上合组织农业基地建设放在服务构建新发展格局的大局中统筹谋划和有序推进，全面展现杨凌在国家现代农业开放合作中的窗口作用。

一、推动上合组织农业基地建设取得显著成效

三年来，我们始终站在坚决捍卫"两个确立"、坚决做到"两个维护"的高度，认真学习贯彻习近平主席的重大倡议，在省委、省政府的坚强领导和农业农村部、外交部等部委的大力支持下，强机制、建平台、作示范、促合作，推动基地建设从倡议转化为行动、从愿景转化为现实，一幅国际农业交流、培训、示范"上合图"以陕西为轴，正向周边国家徐徐展开。

坚持规划引领，基地建设顶层设计科学精准。以"国际视野、国家战略、陕西使命、杨凌担当"为出发点，聚焦交流、培训、示范核心功能，高起点制定了《上海合作组织农业技术交流培训示范基地建设方案》和《上海合作组织农业技术交流培训示范基地发展规划》，提出"一基地多平台、一中心多园区、一院多所"的总体框架，以及农业技术交流合作、教育培训、示范推广、国际贸易和产能合作四个方面重点建设任务，明晰了工作路线图和时间表，绘就了基地建设"十四五"和今后一个时期的美好蓝图。

坚持部省联动，基地工作机制运行顺畅有力。在国家层面，推动建立了以农业农村部为总召集单位，陕西省政府和外交部、科技部等7个部委为成员单位的部际协调机制，召开工作会议5次，研究推进有关工作，基地成功纳入国家《"十四五"推进"一带一路"建设实施方案》《农业农村现代化"十四五"规划》。在省级层面，推动成立了由省政府主要领导为组长的基地建设陕西领导小组，定期研究部署和协调推进重点工作。示范区成立了基地建设办公室和工作专班。通过协同联动，初步形成了"中央决策、省部共建、多方聚力、杨凌探索"的良好工作机制。

坚持共建共享，基地国际法律地位正式确立。经过反复沟通和积极争取，在第27届杨凌农高会开幕式上，基地正式揭牌运行；2021年8月12

日,《上海合作组织农业技术交流培训示范基地建设构想》在第六届上合组织成员国农业部长会议上顺利通过,基地成为上合组织农业领域首个共商共建共享平台,被列入上合组织成立20周年农业合作重要成果。习近平主席在中非合作论坛上提出的"中非现代农业技术交流示范和培训联合中心"落地上合组织农业基地。农业农村部、外交部、上合组织秘书处明确表示,从2022年起同意与基地共同举办上合组织国家农业博览会。

坚持项目支撑,基地框架体系不断丰富完善。把项目作为基地发挥作用的重要支撑,接续策划包装,强力推进重大项目。杨凌综合保税区(一期)正式通过国家验收,并于2022年8月底封关运行。2021年10月集教学、培训、交流、服务保障为一体的上合组织现代农业交流中心建成启用。上合组织农业基地现代农业发展研究院运行良好,确立的10个中外联合研究项目,吸引上合组织国家一批知名专家参与课题研究。现代农业国际联合实验室即将纳入省"一带一路"联合实验室建设序列。乌兹别克斯坦现代农业科技产业园等20个实训基地挂牌运行。

坚持示范带动,基地核心功能高质高效发挥。杨凌示范区成功举办三届上合组织现代农业发展圆桌会议及第12届金砖国家农业部长会议等10场次交流活动,基地交流热度得到新提升。实施面向上合组织国家的援外培训和远程技术讲座24期、参训学员2.4万余人,受到上合组织国家的广泛好评。基地依托西北农林科技大学招收上合组织国家硕博士留学生123名、丝绸之路国际农业研究生104名、涉农俄语本科生30名。杨凌职业技术学院古利斯坦国立大学现代农业学院启动实施,已招收职教学生50人。

二、在新征程上坚定把上合组织农业基地建设摆在重中之重的位置

迈入全面建设社会主义现代化国家新征程,建设上合组织农业基地的重大使命没有变,但面临的外部环境和任务要求发生了深刻变化。我们要准确识变、科学应变,把建设上合组织农业基地当作国之大者,牢牢把握工作主动权,加快建设代表中国现代化农业科技水平的一流基地。

要从胸怀两个大局的高度,深刻理解上合组织农业基地建设的重中之

重地位。当今世界百年变局与世纪疫情相互交织，国际形势不稳定性不确定性明显增强，但我国扩大高水平开放的决心没有变。我们要立足服务高质量共建"一带一路"的大局，依托上合组织农业基地，在科技、教育、文化等领域特别是在保障农产品供给安全方面，不断深化与上合组织国家的交流合作，在促进我国农业对外开放中坚决扛起光荣使命，更好发挥排头兵作用。

要从陕西全方位开放的高度，深刻理解上合组织农业基地建设重中之重地位。打造内陆改革开放高地，是习近平主席对陕西提出的明确要求。省第十四次党代会明确提出，"打造内陆改革开放高地，激发高质量发展动力活力""加强上合组织农业基地对外合作"。我们要全力落实省委全方位开放的战略布局，以上合组织农业基地为核心支撑，搭建一批高能级服务平台和战略通道，推动更多的企业、技术和产品高质量"引进来"、高水平"走出去"，助力我省持续提升对外开放水平。

要从更高层面履行国家使命的高度，深刻理解上合组织农业基地建设重中之重地位。现代农业国际交流合作一直是示范区履行国家使命的重要内容。示范区建设领导小组第十次会议提出，要发挥上合组织农业基地的作用，不断深化农业对外交流合作，实现多赢共赢。建设上合组织农业基地，赋予了杨凌在更高层面履行国家使命的新内涵和新任务，我们要高质量打好上合组织基地建设这张"王牌"，以现代农业国际交流合作的新成绩，不断展现履行国家使命的新气象新作为。

三、聚焦核心功能定位，推动上合组织农业基地建设有新进展新成效

"交流、培训、示范"是上合组织农业基地的核心功能定位。新征程上，我们要坚持"立足中国、辐射上合、联动周边、面向全球"，紧紧聚力基地核心功能，统筹推进重大项目、关键环节、重点工作，将基地建设成为上合组织国家农业科技创新高地、人才高地、产业高地，推动"一带一路"现代农业国际合作中心建设迈出新步伐。

在完善基地平台功能体系上取得新成效。按照"一基地多平台、一中

心多园区、一院多所"的框架，持续提升上合组织农业基地现代农业发展研究院、国际联合实验室建设水平，积极争取国际旱作农业联合研究中心落地杨凌，不断拓展"丝绸之路农业教育科技创新联盟"功能，扎实推动中非现代农业技术交流示范和培训联合中心建设，构建更多平台以支撑基地发挥，联通上合组织国家和我国的高能级服务平台的战略通道作用。

在深化农业科技交流合作上实现新突破。立足促进上合组织成员国在科技、教育、文化、扶贫等领域的互学互鉴，高质量承办上合组织现代农业发展圆桌会议等重要外事活动，高水平举办农业国际科技论坛等活动，常态化开展高素质农民创新创业、跨境农产品电商管理、乡村扶贫发展等领域的交流合作，打造更多接地气、聚人心、促合作的交流平台，探索建立上合组织国家间互利共赢的双边多边农业科技交流合作新机制。

在强化涉农人才培养培训上迈上新台阶。依托中国旱作农业技术援外培训基地，积极实施援外培训项目和农技远程培训，扎实做好面向上合组织国家的专项扶贫培训，每年实施农业国际培训20期以上、培训不少于8000人次。继续大力支持西北农林科技大学作为上合组织大学、杨凌职业技术学院的海外分校，依托丝绸之路农业教育科技创新联盟，实施一批农业大学联合办学和培养项目，持续提升俄语专业和丝绸之路国际化农业专硕研究生教育水平，为上合组织国家培养更多涉农高层次人才。

在提升农技推广示范效应上展现新作为。着眼上合组织国家对发展现代农业的技术需求，高起点建设旱区农业种业创新基地和种质资源引进中转基地，依托"秦创原农业板块"在旱区种业、土壤、节水等方面实施一批科技协同攻关项目，力争取得标志性引领性成果。加快实施境内外产业园区建设专项行动，巩固提升中乌、中哈等八个现有园区功能，新布局建设一批海外农业科技产业园区，抓好良种定向选育、农技试验示范与实训，"十四五"期间开展技术试验示范30项以上，推广面积10万亩以上。

在拓展国际农业贸易和产能合作上打开新局面。积极搭建支持上合组织国家产品和企业进入中国的服务平台体系，更好地发挥杨凌自贸片区"试验田"作用，加快推进杨凌综保区高水平开放，一届接着一届高质量办好杨凌农高会，扎实推进跨境商品展示交易中心建设，申报创建国家跨境电子商务综合试验区，努力打造中国乃至全球涉农产业链供应链价值链的重要枢纽,不断提升基地对资金、信息、技术等农业要素配置的国际影响力。

Реализация важной инициативы председателя КНР Си Цзиньпина о построении аграрной базы ШОС, всемерное наращивание современного сельского хозяйства в рамках «Одного пояса, одного пути»

Хуан Сыгуан

Аннотация: В течение трех лет после выдвижения председателем КНР Си Цзиньпином инициативы о создании аграрной базы ШОС парткомитет показательной зоны Янлин, осознавая важность возложенной миссии, твердо придерживаясь принципов работы Зоны–«обмены, обучение и показ», решительно взял на себя поставленные политические задачи и провел работу в следующих направлениях: укрепление механизма, создание платформы, организация презентаций, содействие сотрудничеству, переход с инициативы на реальное строительство платформы, превращение идеи в действительность. В настоящее время мы целенаправленно идем по пути, указанному председателем КНР Си Цзиньпином, ставим на первое место строительство аграрной базы ШОС, твердо стоим на реальной почве своей страны, объединяясь с регионом ШОС и обращая лицо ко всему миру. Нам необходимо в едином порыве продвигать строительство ключевых проектов, превратить демонстрационную базу в достойную базу агронаучно–технологических инноваций, в базу талантов и промышленных производств и сделать новые шаги для создания современного сельскохозяйственного центра международного сотрудничества в рамках «Одного пояса, одного пути».

Ключевые слова: ШОС; современное сельское хозяйство; международное сотрудничество; показательная зона Янлин, демонстрационная база ШОС по обмену и обучению аграрным технологиям

Об авторе: Хуан Сыгуан, секретарь парткомитета показательной зоны Янлин.

Implementing the Important Proposal by Chinese President Xi Jinping on the Construction of the SCO Agricultural Base and Strive to Forge the Centre for International Cooperation on "Belt and Road" Modern Agriculture

Huang Siguang

Abstract: In the past three years since Chinese President Xi Jinping put forward the important proposal on building the SCO Agricultural Base, the Working Committee Coummunist Party of China of Yangling Demonstration Zone, bearing in mind Chinese President Xi Jinping's exhortations, has resolutely undertaken the significant political task, firmly adhering to the core functions of "exchange, training and demonstration" of the base, strengthening the mechanism, building platforms, making demonstrations and promoting cooperation, greatly facilitating the SCO Agricultural Base to evolve from a proposal to actions, and from a vision to a reality. On the new journey, we will unswervingly follow the direction guided by Chinese President Xi Jinping, always put the construction of the SCO Agricultural Base at the top of the list of priorities, insists on "based on China, radiating the SCO, connecting the surroundings, and facing the world", coordinated the efforts to promote the construction of major projects, key links and key work of the base, with a view to building the SCO base into a highland for technology innovation, a highland for talents and a highland for industries, and promoting the construction of the center for international cooperation on "Belt and Road" modern agriculture.

Keywords: SCO; modern agriculture; international cooperation; Yangling Demonstration Zone; SCO Agricultural Base

Author: Huang Siguang, Secretary of the Work Committee of the Coummunist Party of China of the Yangling Demonstration Zone.

以农业科技赋能上合组织农业基地高质量建设

史高领

【内容提要】上合组织农业基地在陕西杨凌设立三年以来，杨凌示范区扎实贯彻落实习近平主席倡议，积极履行农业对外开放国家使命，充分发挥农业科技资源优势，不断强化上合组织农业基地"交流、培训、示范"核心功能，农业科技协同创新水平有效提升，农业科技国际合作环境持续优化，农业科技示范带动能力不断增强，有力促进了上合组织国家和地区间农业科技资源的共享、优势互补和协同创新，为推动上合组织国家农业现代化发展作出了积极贡献。下一步，杨凌示范区将加快推进"一基地多园区、一中心多平台、一院多所"运行体系建设，不断深化国际合作交流，全面提高中国农业科技创新的全球化水平，为加强上合组织国家间农业科技协同发展，助推构建上合命运共同体贡献更多"杨凌智慧"和"杨凌力量"。

【关键词】农业科技；上合组织；上合农业基地；杨凌示范区；秦创原农业板块；国际旱作农业联合研究中心

【作者简介】史高领，杨凌示范区党工委副书记、管委会常务副主任。

三年以来，杨凌示范区立足"国家队"定位，充分发挥旱区种业、节水、生物安全等农业科技优势，不断强化上合组织农业基地"交流、培训、示范"核心功能，以"秦创原农业板块"、境内外现代农业科技产业园、农业自贸片区和综合保税区建设为抓手，建成现代农业交流中心、现代农业实训基地、现代农业发展研究院、现代农业国际联合实验室，农业科技交流合作拓展深化，涉农人才培养培训扩面增量，农技推广示范效应不断提升，有力地促进了上合组织国家和地区间农业科技资源共享、优势互补和协同创新，为促进陕西高水平对外开放，助力国家农业领域对外开放，推动上合组织国家农业现代化作出了积极贡献。

一、强化技术交流，农业科技协同创新水平有效提升

科技协同创新，平台建设先行。组建现代农业发展研究院，实施上合组织国家现代农业发展研究、节水灌溉技术研究等10个中外联合研究项目，及时发布《上合组织国家农业发展现状及合作需求研究报告》和《农业科技创新能力发展研究报告》，为促进上合组织国家农业合作提供决策参考。国际合作多语种翻译服务中心、上合组织国家区域农业合作网建成运行，现代农业国际联合实验室筹建成立，协同上合组织成员国大学及科研机构实验室，系统展开农业科技创新合作和产业技术领域项目研究。依托中非现代农业技术交流示范和培训联合中心，全方位开启中非农业政策对话和农业科研合作。打造秦创原农业板块总平台，实施现代农业产业创新中心工程，成立了种业、果业、耕地保护与质量提升，农机装备制造，食品工程，畜牧产业等六个产业创新中心，科技、金融、产业、人才等创新要素得到集聚融合。技术交流合作，引进输出并举。紧盯国外先进设施农业，积极把高新技术和装备"引进来"。在上合组织现代农业实训基地，引进消化的国外先进技术占比约为20%，有效缩短了部分农业科技的研发周期，节约了研发经费。围绕上合组织国家需求，加强技术输出援助，加快推动优势农业科技"走出去"。全面启动实施对哈萨克斯坦的"基于上合组织农业基地的外来入侵生物检测与风险评估"援助项目，借助杨凌种业资源优势，大力开展种业创新和种子跨境研发，为巴基斯坦选育出三个适合种植的小麦新品种，并输送土壤施肥新技术，为哈萨克斯坦选育玉米、小麦、大豆等6大类48个试验新品种，其中冬小麦5号亩产较当地品种增产82.3%，数以万计的农民从中获益。围绕上合组织和"一带一路"沿线国家农业技术需求，先后派出73批194人次专家团队进行援助，受到当地政府和民众的欢迎，在国际社会赢得广泛赞誉。

二、注重培养培训，农业科技国际合作环境持续优化

人才培养培训注重规范专业。围绕与上合组织和"一带一路"沿线国家的合作，依托西北农林科技大学教学资源，开设各类国际化培训班，定向培养博硕士研究生319人，为我国走出去企业和驻在国培养农业科技骨干1200余名。面向上合组织国家农业官员、技术人员、留学生、高素质农民开展专业化教育和培训培养，举办农业技术研修班20期，培训上合组织成员国农业官员和技术人员400余人，每年为上合组织国家培养硕博士100名以上。为克服全球新冠肺炎疫情影响，线上线下融合开展各类农技国际培训28期，参训学员2.3万人，培训效果得到上合组织国家的广泛好评。以上合组织国家为主体，以"一带一路"沿线国家为两翼，辐射广大发展中国家的援外培训布局初步形成。国际交流活动，常态多元丰富。连续举办了上合组织现代农业发展圆桌会议、上海合作组织现代农业合作交流对接会、上海合作组织国家农业专题展等多项国际农业交流活动，与上合组织秘书处、联合国粮农组织、联合国世界粮食计划署、联合国亚太经济社会委员会可持续农业机械化中心等国际组织及机构建立交流合作关系，协助国家相关部门举办了粮食安全研讨会、青年科技创新论坛"减贫合作与乡村发展"平行论坛等重大国际交流活动33场次，与哈萨克斯坦等20多个"一带一路"沿线国家在涉农领域签订了有关协议，共开展国际交流合作活动300余项。上合组织和"一带一路"沿线国家农业科技合作交流常态化多元化的格局正在形成，为搭建我国农业对外开放的窗口缔造了一个黄金时期。

三、扩大示范效应，农业科技示范带动能力不断增强

建设园区载体，技术集成示范。围绕生物育种、节水灌溉、畜牧养殖、农业环境调控等优势领域，设立哈萨克斯坦爱菊农产品物流加工园、乌兹别克斯坦现代农业科技产业园、杨凌智慧农业示范园、中国热带农业科学院等20个境内外实训基地，集中展示先进适用农业技术，起到了良好的示

范效应。在乌兹别克斯坦、哈萨克斯坦等上合组织国家建设八个境外农业科技产业园，开展13大类115个优良品种的品比试验和高效栽培技术集成示范，结合中国农技与当地条件，筛选出适合当地生产的4类作物9个品种，其中4个小麦品种拟进入有关国家作物品种区域试验，制定作物生产标准7项、作物生产技术规程11项，示范引领成效得到新拓展。在哈萨克斯坦建设蔬菜、西瓜等农业标准化示范园区，按照制定的农业标准化模式、工艺、流程等实施农业标准化和规模化生产，与"一带一路"沿线国家和地区开展农产品标准衔接，达成检测结果互认，保障境内外农产品安全互通。强化贸易往来，畅通合作渠道。农业自贸片区能力得到提升，综合保税区通过验收，即将实现封关运行，示范区＋自贸区＋综保区表现出强劲的"政策洼地"效应。俄罗斯联邦总商会等三家上合组织国家商协会入驻基地经贸投资促进中心，上合组织国家农产品电商平台销售渠道开通，中乌绿豆、苹果、皮革等农产品跨境贸易路径开辟，经贸合作进一步扩大。

尽管上合组织国家农业科技交流合作成效突出，但各国仍存在粮食生产不稳定等诸多问题，有的国家粮食还无法自给，有的国家粮食刚刚达到自给水平，科技创新在保障国家粮食安全、实现农业增效、突破环境资源约束、促进农业可持续发展等方面发挥出的引领作用还不充分。

下一步，杨凌示范区将着力构建"立足中国、辐射上合、联动周边、面向全球"的农业对外开放新格局，加快推进上合组织农业基地建设，不断深化国际合作交流，积极探索农业科技创新及其示范推广新模式，全面提高我国农业科技创新的全球化水平和国际影响力，为陕西打造内陆改革开放高地，加强上合组织国家间农业协同发展，助推构建区域命运共同体作出杨凌贡献。一是深度参与农业科技协同创新。依托秦创原农业板块和现代农业发展研究院、国际联合实验室、农业科技创新联盟、国际旱作农业联合研究中心等基地平台建设，围绕上合组织国家对于农业技术设施引进、农业生产结构调整、粮食增产增效的发展需求，以及上合组织农业基地建设需要，在节水技术、选种育种、病虫害防治、检验检疫、土壤改良等方面实施一批科技协同攻关项目，努力在更高层次实现粮食供需动态平衡，保障国家粮食安全，提升上合组织国家间农业互助水平和战略互信水平。二是拓展深化农业科技交流合作。精心筹办好上合组织现代农业发展圆桌会和第十二届金砖国家农业部长会，高质量承办上合组织青年科技论坛、上合组织成员国农学高校联盟年会等交流活动，积极参加金砖国家农村发展和减贫研讨会、粮食安全研讨会、合作创建农业产业化集群研讨会、特色产品展等多项交流活动，在上合机制下加强与各成员国和有关国际组织在农业生产、技术创新、产业发展等方面的多双边农业交流合作，为全球粮农治理提供杨凌方案。契合上合组织国家需求，全面开展农业技术专业化培训和人才培养，扎实开展上合和中亚国家专项扶贫、减贫惠农培训，推广我国科技助力脱贫模式。加快实施境外产业园区建设，全力推动我国优势农业技术、品种在国外开展创新研发和示范推广，为丰富当地种植模式，带动当地农业结构调整发挥示范引领作用。三是持续加强农业贸易产能合作。发挥上合国家间农地资源充裕的优势，构建长期稳定的供需对接机制，增进农业贸易政策协同，持续推动农产品标准统一、检测结果互认、贸易市场互补。借助杨凌综合保税区等优势平台，建设种质资源保税研发园、高端食品加工产业园、生物医药及植物提取物产业园、跨境电商产业园、设施农业装备及农业生产资料展示交易中心，打造食品农产品检验检疫平台、特殊物品出入境供应链平台和上合国家特色农产品贸易平台，为畅通与上合组织国家的农业产能合作提供保障支撑，为后疫情时代的经济复苏提供"上合动能"。

Обеспечение высококачественного строительства аграрной базы ШОС средствами науки и техники

Ши Гаолин

Аннотация: В течение трех лет после учреждения аграрной базы ШОС в Янлине провинции Шэньси мы успешно реализуем инициативу председателя КНР Си Цзиньпина, активно выполняем миссию внешней открытости сектора сельского хозяйства. Пользуясь преимуществамит аграрных ресурсов, аграрная база ШОС успешно начала функционировать, развернула работу по обмену, обучению и показу, и значительно повышает способность совместных инноваций в области аграрной науки и технологий. База непрерывно оптимизирует среду международного сотрудничества и укрепляет примерную роль в области сельскохозяйственной науки и техники, что эффективно способствует совместному использованию ресурсов сельскохозяйственной науки и техники между странами и регионами ШОС. В дальнейшем показательная зона Янлин ускорит работу по созданию операционной системы «одной базы с несколькими парками, одного центра с несколькими платформами и одного университета с несколькими институтами», расширит международное сотрудничество и обмен, всесторонне повысит уровень своих агротехнических инноваций, внеся больший вклад в дело координированного развития сельского хозяйства в странах ШОС и продвижения формирования сообщества единой судыбы региона.

Ключевые слова: агротехника; ШОС; демонстрационная база ШОС по обмену и обучению аграрным технологиям; показательная зона Янлин; «Цинь чуан юань» аграрный сегмент; Международный объединенный исследовательский центр по богарному земледелию

Об авторе: Ши Гаолин, заместитель секретаря рабочего комитета партии и исполнительный заместитель директора управляющего комитета показательнлй зоны Янлин.

Enpowering High-Quality Construction of SCO Agricultural Base with Agricultural Science and Technology

Shi Gaoling

Abstract: Since the establishment of the SCO Demonstration Base for Agricultural Technology Exchange and Training, in Yangling, Shaanxi Province, Yangling Demonstration Zone has steadily implemented the proposal made by Chinese President Xi Jinping, actively fulfilled the national mission of agricultural opening-up, gave full play to the advantages of agricultural science and technology resources, continuously strengthened the core functions of "exchange, training and demonstration" of the SCO Agricultural Base, thereby effectively improving the level of collaborative innovation in agricultural science and technology, continuously optimizing the international cooperation environment of agricultural science and technology, and enhanced the leading ability of agricultural science and technology demonstration, which strongly promoted the interstate and interregional sharing, complementarity and collaborative innovation of agricultural science and technology resources within the SCO, making positive contributions to the modernization of agriculture in the SCO countries. Next, Yangling Demonstration Zone will accelerate the construction of the operation system of "one base, multiple parks; one center, multiple platforms; and one academy, multiple institutes", continuously deepen international cooperation and exchange, comprehensively improve the globalization level of agricultural science and technology innovation in China, and contribute more "Yangling wisdom" and "Yangling Strength" to strengthening the coordinated development of agricultural science and technology among countries of the SCO and promoting the building of regional community of shared future.

Keywords: agricultural science and technology; SCO; SCO Agricultural Base; Yangling Demonstration Zone; Qin Chuangyuan agricultural sector; International Joint Research Center for Dry Farming

Author: Shi Gaoling, Deputy Secretary of the Work Committee of the Communist Party of China of Yangling Demonstration Zone, and the Executive Deputy Director of Management Committee of Yangling Demonstration Zone.

上海合作组织现代农业发展圆桌会议在杨凌举行

2019年10月22日，陕西省省长刘国中（左四）、上海合作组织秘书长诺罗夫（左三）等14位上海合作组织国家农业部级官员在杨凌出席上海合作组织现代农业发展圆桌会议。（杨凌示范区上合办/摄）

上海合作组织农业技术交流培训示范基地在中国陕西省杨凌揭牌

2020年10月22日，在第27届杨凌农高会开幕式上，上海合作组织秘书长诺罗夫（右三）、陕西省委书记刘国中（左三）、陕西省省长赵一德（左一）、陕西省政协主席韩勇（右一）、农业农村部副部长张桃林（左二）、科技部副部长徐南平（右二）共同为上海合作组织农业技术交流培训示范基地揭牌。（杨凌示范区宣传部/摄）

上合组织现代农业交流中心建成启用

2021年10月22日,上合组织现代农业交流中心在中国陕西省杨凌建成启用,上海合作组织秘书长诺罗夫视频致辞祝贺。标志着上合组织农业基地建设步入了新阶段、上合组织国家现代农业交流合作迈向了更深层级,展现出杨凌示范区深入融入共建"一带一路"大格局,打造内陆改革开放高地的澎湃动力。(杨凌农科传媒集团记者万英俊/摄)

2020上海合作组织现代农业发展圆桌会议举行

2020年10月22日,"2020上海合作组织现代农业发展圆桌会议"举行。上海合作组织秘书长诺罗夫(前排右二)、陕西省省长赵一德(前排右一)、农业农村部副部长张桃林(前排左二)、陕西省副省长魏增军(前排左一)出席会议,14个上合组织国家农业官员通过视频方式参加会议。会议决定,上海合作组织现代农业发展圆桌会议将作为上海合作组织国家间现代农业合作交流的固定平台定期举办。会议一致通过了《2020上海合作组织现代农业发展杨凌倡议》。(杨凌示范区上合办/摄)

2021上海合作组织现代农业发展圆桌会议举行

2021年10月22日,"2021上海合作组织现代农业发展圆桌会议"以视频方式召开,上海合作组织秘书长诺罗夫(视频出席)、陕西省省长赵一德(左四)、农业农村部副部长马有祥(视频出席)、陕西省副省长魏建锋(右四)出席并致辞。16个上海合作组织国家围绕"加强区域农业合作,保障粮食安全"主题展开研讨。(杨凌示范区上合办/摄)

上海合作组织农业技术交流培训示范基地实训基地揭牌仪式在中国陕西省杨凌举办

2021年10月23日，上海合作组织农业技术交流培训示范基地实训基地揭牌仪式在中国陕西省杨凌举办，陕西省副省长方光华（左）揭牌并致辞，为哈萨克斯坦爱菊农产品物流加工园区、中乌现代农业科技示范园、中国热带农业科学院科技信息研究所和福建海洋研究所四个境内外实训基地授牌。杨凌示范区党工委书记黄思光（右）出席揭牌仪式。（杨凌农科传媒集团记者行波/摄）

中非现代农业技术交流示范和培训联合中心授牌仪式

2021年12月15日，农业农村部在海南省海口市为上海合作组织农业技术交流培训示范基地（陕西）、中国热带农业科学院（海南）、中国水产科学研究院淡水渔业研究中心（江苏）及中国农业科学院沼气科学研究所（四川）等授予"中非现代农业技术交流示范和培训联合中心"。杨凌示范区党工委副书记、管委会常务副主任史高领（前排左一）参加授牌仪式。（杨凌示范区上合办/摄）

陕西省上海合作组织农业技术交流培训示范基地建设座谈会召开

2022年6月14日,在上海合作组织农业技术交流培训示范基地建设三周年之际,陕西省上海合作组织农业技术交流培训示范基地建设座谈会在西安召开,陕西省委书记刘国中出席并讲话,陕西省省长赵一德主持会议,陕西省副省长蒿慧杰出席会议。(来源:陕西网络广播电视台《陕西新闻联播》)

2020上合组织国家合作创建农业产业化集群研讨会在杨凌举行

2020年10月23日,上合组织国家合作创建农业产业化集群研讨会在杨凌举行,农业农村部规划设计研究院、俄罗斯联邦总商会、乌兹别克斯坦布哈拉自贸区等参会代表围绕"上合组织国家农业产业化集群草案纲要"开展交流讨论,推动上合组织农业合作交流务实发展。(杨凌示范区上合办/摄)

上海合作组织粮食安全研讨会在上海合作组织农业技术交流培训示范基地举行

2021年3月10日,上海合作组织粮食安全研讨会在上海合作组织农业技术交流培训示范基地举行,上海合作组织副秘书长卓农(前排左二)主持会议,联合国粮农组织助理总干事弗拉基米尔视频出席并致辞。(杨凌农科传媒集团记者万英俊、王恒/摄)

上合组织成员国涉农高校联盟成立大会在西北农林科技大学举行

2021年5月14日,上合组织成员国涉农高校联盟成立大会在陕西省西北农林科技大学举行,八个上海合作组织国家的19所大学和组织的60余名代表签署了意向书。(西北农林科技大学宣传部靳军/摄)

第六次上海合作组织成员国农业部长会议举行

2021年8月12日，第六次上海合作组织成员国农业部长会议以视频形式举行，农业农村部首席兽医师李金祥率团与会，上海合作组织秘书长诺罗夫致辞，塔吉克斯坦农业部长齐尤佐达主持会议并致辞，上合组织各成员国农业部长，杨凌示范区党工委书记黄思光出席会议。会议审议通过《上海合作组织农业技术交流培训示范基地建设构想》等文件，标志着上海合作组织农业基地圆满完成上海合作组织法定审批程序，成为首个上海合作组织成员国一致同意的"共商、共建、共享"的农业交流合作平台。（杨凌农科传媒集团记者行波/摄）

杨凌职业技术学院乌兹别克斯坦国立古利斯坦大学现代农业学院揭牌成立

2021年11月29日，杨凌职业技术学院乌兹别克斯坦国立古利斯坦大学现代农业学院揭牌成立，这是杨凌职业技术学院建立的第二个海外分校。（杨凌职业技术学院宣传部史良琦/摄）

上海合作组织国家扶贫干部研修班开班

　　2022年6月7日,上海合作组织国家扶贫干部研修班开班仪式在杨凌上海合作组织现代农业交流中心举行。杨凌示范区党工委副书记何玲出席开班仪式并致辞。(杨凌农科传媒集团记者万英俊、刘智辉/摄)

上合农业基地优选产品搭乘中欧班列发往乌兹别克斯坦

2021年10月29日,上合农业基地优选产品的首批苹果货物搭乘中欧班列走出国门,发往乌兹别克斯坦。(杨凌农科传媒集团记者赵桃子、余瞳/摄)

首列俄罗斯进口食品专列抵达陕西

2022年6月24日,首列俄罗斯进口食品专列抵达陕西。专列共有45个货柜,约750吨,产品涵盖俄罗斯联邦总商会旗下15家企业的食品、酒水、饮料等近百个品类。(杨凌农科传媒集团记者哈华丽/摄)

第二章
上海合作组织农业技术交流培训示范基地：
意义和作用

Глава 2. База ШОС по обмену и обучению аграрным технологиям: значение и роль

Chapter II: SCO Demonstration Base for Agricultural Technology Exchange and Training: Significance and Function

习近平主席关于上合组织农业合作的重要倡议

——建立上合组织农业基地的时代背景与战略意义

孙壮志

【内容提要】农业领域的对外合作，对上合组织成员国来说都有重要意义，特别是在粮食安全、农产品贸易、农业投资、农业科技合作、农业人才培训等方面潜力巨大。中国领导人关于上合组织农业合作的倡议针对性强，对多边务实合作是直接的贡献，同时也体现了成员国普遍希望摆脱经济落后面貌，实现国家和民族复兴的诉求和主张。上合组织农业基地的建设，旨在把中国的农业技术传授给其他成员国，促进成员国相互交流先进的农业生产经验，联合开展研发活动，实现信息和资源共享，真正起到示范作用。

【关键词】上合组织；农业合作；上合组织农业基地；农业技术；粮食安全理念；粮食安全

【作者简介】孙壮志，中国社会科学院俄罗斯东欧中亚研究所所长，研究员，博士生导师。

上海合作组织（以下简称"上合组织"）成立20多年以来，国际影响日益提升，合作领域、合作空间大大扩展，多边合作亮点纷呈，作为新型区域合作机制在很多方面提出的理念和推动的合作都带有重要的示范性。中国领导人关于共建地区国家命运共同体的重大倡议，为上合组织的未来发展指明了方向，而涉及具体领域的合作建议又可以最大限度地发挥地区国家的优势，为深化上合组织框架内多边务实合作提供了支撑。上合组织的农业合作就颇具代表意义，受到成员国的高度重视，中国作出了特殊的贡献。

一、习近平主席关于上合组织农业合作的重要倡议

上合组织是在特殊的时代背景下成立的，经过20多年的发展，在政治、经济、安全、人文等领域的合作同步推进，取得了显著的成就。成员国以"互信、互利、平等、协商、尊重多样文明、谋求共同发展"的"上海精神"为指导，充分发挥地缘、政策、体制、历史文化、经济结构等方面的优势，积极探索打造适合地区国家实际的新型合作模式，克服了社会制度、发展水平、文明属性上的巨大差异带来的困难，开创了后冷战时期多边睦邻合作的新纪元。这种合作既有战略层面的，包括推动多极化和国际关系民主化的进程，为完善地区治理乃至全球治理体系提供新的选择；也有技术层面的，为成员国经济上、安全上、政治上、文化上相互促进、相互支持、相互交流提供具体的渠道和平台。

在一系列重点打造的多边务实合作平台当中，经济领域首先确立了以实现贸易、投资便利化为基本目标，重点推进交通、金融、能源、农业等领域的合作，建立起常态化互动机制。这些领域对成员国的经济可持续发展与实现共同繁荣都具有特殊意义，特别是对地处内陆的中亚国家来说帮助更大。2013年9月，习近平主席首次以国家元首身份出访中亚四国，并出席在吉尔吉斯斯坦首都比什凯克举行的上合组织峰会。在这次具有历史意义的特殊行程当中，习近平主席在哈萨克斯坦首都阿斯塔纳的纳扎尔巴耶夫大学发表演讲时，提出建设"丝绸之路经济带"的重大倡议，使中亚成为共建"一带一路"的首倡之地；而在比什凯克上合组织峰会上的发言中，则针对上合组织多边合作提出四点建议：第一，弘扬"上海精神"，不断增进成员国互信，在平等、协商、互谅互让的基础上开展互利合作，

顺应和平与发展的时代潮流，呼应各成员国人民利益和诉求。第二，共同维护地区安全稳定，安全稳定的环境是开展互利合作、实现共同发展繁荣的必要条件。第三，着力发展务实合作，务实合作是上海合作组织发展的物质基础和原动力，包括五个方面，即开辟交通和物流大通道、商谈贸易和投资便利化协定、加强金融领域合作、成立能源俱乐部、建立粮食安全合作机制。其中在建立粮食安全合作机制方面，强调要在农业生产、农产品贸易、食品安全等领域加强合作，确保粮食安全。第四，加强人文交流和民间交往，为上合组织发展打牢民意基础和社会基础。[①]

在此后的上合组织峰会上，中国国家主席习近平每次在发言中都针对农业合作提出具体建议。如2014年9月在杜尚别峰会上习近平主席强调，要加强粮食政策协调，扩大成员国农产品贸易，提高粮食综合生产能力。中方建议举办上海合作组织粮食安全论坛，制订"上海合作组织科技伙伴计划"，借助中国—上海合作组织环保合作中心，加快环保信息共享平台建设。2015年7月在上合组织乌法峰会上，习近平主席继续强调，要继续扩大农产品贸易，开展农林牧渔合作，共同保障粮食安全。并且提出，中方愿继续利用中方资金，为成员国培训农业技术人员，提高各国农业技术和粮食生产水平。2019年6月，习近平主席在上合组织成员国元首理事会第十九次会议上进而提出，中方愿在陕西省设立上海合作组织农业技术交流培训示范基地，加强同地区国家现代农业领域合作。陕西杨凌由于在农业研究、技术推广以及国际培训交流方面有着丰富经验，被指定为上合组织的示范基地，也藉此在上合组织农业合作中开始扮演非常重要的角色。

二、上合组织农业合作倡议的战略意义

随着上合组织在2017年完成首轮扩员，成员国面积扩大到欧亚大陆的五分之三，人口占全球总人口的比例超过五分之二。2021年的上合组织峰

---

① 新华社：《习近平在上合组织峰会上的讲话》，新华网，2013年9月16日，http://news.cnr.cn/special/xjp3/latest/201309/t20130916_513607419.shtml，访问日期：2022年6月10日。

会又决定启动伊朗正式加入上合组织的程序,在现有的八个成员国以及即将成为新成员的伊朗中,农业在国民经济中都占有特殊地位,都拥有众多的农业人口,在有的国家甚至是经济发展和对外贸易的重要支柱之一。农业合作尽管起步较晚,但由于成员国领导人对农业合作高度重视,在实践中取得较快进展,成为特殊情况下深化务实合作的重点领域。由于各国经济发展水平不一,参与国际经济合作的程度不同,市场机制发育不同步,加上融资保障的能力不足,给上合组织经济合作带来一些现实的困难,需要成员国一起努力,共同应对。农业合作需要的资金较小,方式比较灵活,有独特的优势,且与民生关系紧密,可以增强普通民众对上合组织多边合作的获得感,又能对其他领域的合作起到带动作用,因此合作潜力巨大,合作领域广泛。

第一是粮食安全问题。民以食为天,食以安为先,粮食安全是关乎各国经济发展、社会稳定和国家自立的全局性重大战略问题。中国领导人对地区的粮食安全给予了足够的关注,最早提出利用上合组织解决成员国共同关心的经济安全问题,特别是可以利用多边合作优化资源配置,拓展发展空间,在更高层次实现粮食供需动态平衡,保障地区各国的粮食安全。深化粮食安全合作,还将进一步提升上合组织成员国之间的经济融合水平与战略互信水平。2018年10月12日,上合组织成员国在杜尚别签署了《上合组织成员国粮食安全合作纲要》。2021年9月17日,成员国元首理事会又签署《关于粮食安全的声明》,提出了维护粮食安全的一系列具体举措,并指定成员国农业部长会和农业常设专家工作组作为合作机制来执行本联合声明。① 区域内的合作有助于抵御国际市场由于价格和供应波动带来的风险,最大限度地满足成员国的粮食需求。

第二是农产品贸易问题。当前,国内外粮食市场加速融合已成趋势,推动上合组织框架内的粮食生产、贸易、投资等双、多边合作不断深化,

---

① 《上海合作组织成员国元首理事会关于粮食安全的声明》,新华网,2021年9月20日,https://baijiahao.baidu.com/s?id=1711406989127712124&wfr=spider&for=pc,访问日期:2022年6月10日。

也是大势所趋。上合组织成员国中既有中国、俄罗斯、印度、哈萨克斯坦等产粮大国，也有吉尔吉斯斯坦、塔吉克斯坦等粮食无法自给自足的国家，通过区域合作可以发挥地缘优势，互通有无。上合组织成员国元首在2018年6月签署《关于贸易便利化的联合声明》，重申了成员国通过简化海关程序，加强边境机构之间的合作，继续落实好之前签署的上合组织多边贸易便利化协定措施，为成员国之间的相互贸易提供更好的条件，以促进货物贸易和服务贸易的持续增长。农产品贸易可以顺势而为，不断扩大进出口的规模和水平。

第三是农业投资问题。上合组织非常重视投资合作，成立了银联体以扩大成员国间的金融合作，2009年还启动了成员国央行和财长会晤机制，同时与国际货币基金组织、亚投行、亚洲开发银行等国际金融机构也建立了合作关系，解决重点领域和重点项目吸引投资的问题。中国在上合组织框架内为成员国提供优惠贷款，有些也进入农业领域，为农业生产提供资金支持，取得良好效果。成员国还通过农业园区建设等方式增加农业投资合作，包括粮油作物种植、畜产品养殖加工、仓储物流体系建设等。

第四是农业科技合作问题。由于不少成员国都有数千年的农业生产传统，因地制宜，有很多农作物生产技术的创新。近年来各国也非常重视开展农业科技交流，相互学习，取长补短。有的成员国纬度相似，气候和土壤条件接近，特别是通过灌溉保证农业稳产，在节水技术、选种育种、病虫害防治、兽医、检验检疫、土壤改良等方面有很大的合作空间。

第五是农业人才培训问题。先进农业技术的传播和推广，往往是通过有经验的技术人员完成的。在上合组织框架内建立农业领域的人才培训机制，受到很多成员国的欢迎，中国在这方面作出了自己的贡献。中国领导人曾在上合组织峰会上多次就增加农业人才培训提出建议，充分照顾到了中亚国家和巴基斯坦等成员国的具体诉求。

三、上合组织农业基地建设的时代价值和未来目标

随着工业化进程的加快，很多传统的农业国经济结构都在发生很大变化，而且城市化也使农村的劳动力大大减少，在这样的背景下提高农业生产的效率和技术水平，不仅有利于提升农村居民的生活质量，缩小城乡差距，而且对经济发展和社会稳定都意义重大。中国领导人关于上合组织农业合作的倡议针对性强，是对多边务实合作的直接贡献，同时也契合成员国普遍希望摆脱经济落后面貌，实现国家和民族复兴的诉求和主张。

第一，新形势下成员国求生存、求发展的意愿更为强烈。随着世界经济进入全球化的新时代，国与国之间经济联系更加紧密，同时发展的差距和鸿沟也在扩大。当今世界面临百年未有之大变局，国际格局加速演进，地区冲突时有发生，人类社会面临的风险挑战增多，农业经济的特殊意义也日益凸显，正如中国领导人所强调的，越是面对风险挑战，越要稳住农业，越要确保粮食安全。中国非常重视"三农"问题，实施脱贫攻坚和乡村振兴战略，恰恰说明它在国家社会经济中的特殊重要性。

第二，农业对国家的现代化进程能够起到基础作用。随着科技进步和经济社会的发展，越来越多的国家开始进入现代化的发展阶段，而农业又是现代化的基础，农业现代化可以有力促进工业化、城镇化和社会经济整体上的现代化。上合组织多数成员国都处在这样的发展阶段，都高度重视农业现代化。要实现工业化的目标，必须发展具有一定技术含量的劳动密集型产业，实现农业资源高效利用和初级农产品的精深加工，提高农业生产率。

第三，从政治和安全角度来看，农业是国家独立自立的根本保障。上合组织当中的中亚国家独立只有30多年，中国、印度、巴基斯坦、伊朗等是文明古国，但近代以来也饱受欺凌，这些国家都非常珍视本国的主权和独立。政治的独立自主离不开经济的支撑，如果农产品的自给程度达不到一个安全的标准，将在很多方面受制于人。一旦国际局势和市场发生急剧

变化，就可能造成粮食短缺，甚至危及国家安全和社会稳定。

第四，现代农业的发展迫切需要加强国际交流合作，尽快提高农业技术支撑能力。发达国家由于农业科技和农业机械的更新换代，加强了其优势地位，不仅靠比例很低的农村人口生产出足够的农产品，还能够出口国外。现代农业可以有效抵御自然灾害，可以保证本国居民更稳定、更安全、更高质量的农产品需求，信息技术的普及和推广，又为农业生产带来革命性的变化。上合组织农业合作也要适应这种新趋势，在农业科技领域迎头赶上。习近平主席在2021年9月举行的上合组织成员国元首理事会第二十一次会议上的讲话中强调，要持续推进贸易和投资自由化便利化，保障人员、货物、资金、数据安全有序流动，打造数字经济、绿色能源、现代农业合作增长点。①

上合组织成员国中不乏农业贸易的大国和农业技术领先的国家，但成员国在农业领域的合作总体上还处在较低的水平，还有较大的潜力需要释放出来。比如目前中国已经成为全球最大的农产品进口国，进口额占全球农产品贸易额的十分之一，但与上合组织其他成员国间的贸易额占比较小。随着上合组织农业贸易便利化的推进，成员国农产品贸易规模有望进一步扩大。乌克兰危机的爆发，使全球的粮食安全问题进一步凸显，成员国间的农业贸易、农业技术交流也获得快速发展的契机。

上合组织经贸合作在特殊背景下展现出更加广阔的发展前景。成员国贸易便利化文件的签署以及投资活动的增多，标志着各成员国农产品市场的进一步开放，农业领域资金投入的水平也将进一步提升。未来可以增加绿色农产品贸易，诸如小麦、大豆、蜂蜜、生皮毛和牛羊肉等，扩大农产品贸易规模。此外，上合组织国家农业产业园区建设潜力较大。以俄罗斯为例，与中国毗邻地区在积极规划农业产业园区，用以吸引来自中国的投资。与此同时，各国农业发展战略规划及产业标准可以实现有效对接，继

---

① 《习近平在上海合作组织成员国元首理事会第二十一次会议上的讲话（全文）》，新华社，2021年9月17日，http://www.cac.gov.cn/2021-09/17/c_1633471209717066.htm，访问日期：2022年6月10日。

续推进农产品检验检疫标准、农产品质量认证标准的对接。此外，加快农业信息平台建设，积极利用现代信息技术，注重数据库的建设，提升合作水平，打造上合组织农业合作新格局。①

上合组织农业生产资源禀赋及气候条件互补性强，合作空间广阔。俄罗斯和哈萨克斯坦耕地资源富足，俄罗斯为人均12亩，中国和一些中亚国家人均耕地较少，如中国人均耕地1.5亩。从气候条件看，俄罗斯和哈萨克斯坦位于黑土地带，气候条件适合大麦、优质小麦、燕麦等粮食种植，但冬季漫长，蔬菜水果需求量大，而中国南方、印度则非常适宜蔬菜水果的种植。从大农业角度来看，有些成员国的农产品种类丰富，有的成员国则在经济作物或畜产品生产上有自己的优势。

随着中国国家主席习近平的重大倡议的加快落实，陕西杨凌计划通过三五年的努力，全面建成上海合作组织农业技术交流培训示范基地，在农业技术交流、人才培训和项目合作示范等方面加快探索步伐，推动上合组织国家农业领域人员、信息、产品的流通，进而形成上合组织国家间农业自由贸易合作机制。②

结　语

上合组织农业合作在当前形势下具有重要的战略意义与时代价值，有助于多边经贸合作在重点领域率先实现突破，促进地区各国社会经济的共同繁荣，为成员国构建发展共同体创造条件。正如中国领导人强调的，广泛开展国内外农业科技交流与合作，结合农业农村发展实际，推广先进品种和技术，加强农业科技创新智库建设和人才培养，可以为加快推进农业农村现代化作出新贡献。

从上合组织成员国农业发展的长期战略来看，各国都希望在合理利用

---

① 《上合农观察：未来上合组织农业合作有望实现突破》，央广网，2018年6月11日，http://country.cnr.cn/focus/20180611/t20180611_524266030.shtml，访问日期：2022年6月10日。

② 《加载"上合"元素，推动农业合作》，人民日报，2019年10月28日，https://baijiahao.baidu.com/s?id=1648583306132764866&wfr=spider&for=pc，访问日期：2022年6月10日。

农业土地资源、提升粮食安全水平、增加农产品出口、促进农村地区稳定发展的战略任务之间寻求整体动态平衡。随着上合组织各领域合作不断取得新的进展，互信程度加深，各国的粮食安全理念逐渐向"大基地""大储备""大产业""大消费"观念转变，不断拓展农业合作的深度和广度，将有效引领各国间的粮食安全合作。

在农业技术交流合作方面，上合组织成员国非常重视学习和应用其他国家的先进经验，从而提高单产和集约化的水平，并在保障粮食安全和市场供应上获得更大的自主性。对粮食自给程度较低的一些成员国来说，农业技术水平的提高是实现经济发展的重要保证。杨凌上合组织农业技术培训交流示范基地的建设，可以把中国的农业技术传授给其他成员国，也可以相互交流先进的农业生产经验，实现信息和资源共享，联合开展研发活动，真正起到示范推动作用。

Важная инициатива председателя КНР Си Цзиньпина о сельскохозяйственном сотрудничестве ШОС

—Исторические условия и стратегическое значение для создания базы ШОС по обмену и обучению аграрным технологиям

Сунь Чжуанчжи

Аннотация: Внешнее сотрудничество в области сельского хозяйства имеет большое значение для государств–членов ШОС, тем более что огромным потенциалом обладают такие сферы сотрудничества, как продовольственная безопасность, торговля сельскохозяйственной продукцией, инвестиции в сельское хозяйство, агронаучно–техническое сотрудничество, подготовка сельскохозяйственных кадров и т. д. Инициатива руководителя Китая по сельскохозяйственному сотрудничеству в рамках ШОС носит целенаправленный характер, что является прямым вкладом в многостороннее прагматичное сотрудничество, и в то же время отражает общие стремления государств–членов ШОС избавиться от экономической отсталости и добиться национального и государственного возрождения. Строительство аграрной базы ШОС ориентировано на передачу китайских аграрных технологий другим государствам–членам, способствование взаимным обменам передовым опытом производства, проведение совместных исследований и разработок, осуществление совместного использования информации. В этом случае База сможет служить достойным примером.

Ключевые слова: ШОС; сотрудничество в области сельского хозяйства; демонстрационная база ШОС по обмену и обучению аграрным технологиям; агротехника; концепция продовольственной безопасности; продовольственная безопасность

Об авторе: Сунь Чжуанчжи, директор Института России, Восточной Европы и Центральной Азии АОН КНР, старший научный сотрудник, Научный руководитель докторантуры.

Chinese President Xi Jinping's Important Proposal on SCO Agricultural Cooperation

—Current Background and Strategic Significance of Establishing the SCO Agricultural Base

Sun Zhuangzhi

Abstract: The external cooperation in agriculture bears significant application to SCO member states, and it has huge potentials especially in food security, agricultural trade, agricultural investment, agricultural scientific and technological cooperation, and the training of agricultural talents. The proposal raised by Chinese President Xi Jinping on SCO agricultural cooperation contributes directly to multilateral practical cooperation, and it also reflects the common desire of member states to realize national and national rejuvenation from economic backwardness. The construction of the agricultural base of the SCO aims to transfer China's agricultural technologies to other member states, promote the exchange of advanced agricultural production experiences between the SCO member countries, jointly carry out research and development activities, and realize information and resource sharing, thereby truly playing a demonstration role.

Keywords: SCO; agricultural cooperation; SCO Agricultural Base; agricultural technology; food security concept; food security

Author: Sun Zhuangzhi, Director, Research Fellow and Doctoral Supervisor of the Institute of Russian, Eastern European and Central Asian Studies, Chinese Academy of Social Sciences.

构建上合组织命运共同体的成功实践

——上合组织农业基地对构建上合组织命运共同体的意义和作用

邓 浩

【内容提要】建立上海合作组织农业技术交流培训示范基地，是习近平主席提出的促进上合组织农业合作的重要倡议，是中国推动构建上合组织命运共同体的重要举措之一，对推进成员国实现农业发展战略目标，确保粮食安全保障能力，提高农产品国际市场竞争力，促进成员国农业共同发展与繁荣具有重要意义，有益于夯实上合组织命运共同体的物质基础。上合组织农业基地的建设是对上合组织命运共同体理念的积极践行，有利于培育和增强成员国的共同体意识。成员国在农业方面具有较强的互补性，为上合组织农业基地建设提供了得天独厚的有利条件，有助于上合组织命运共同体建设在农业领域率先加速，形成示范带动效应。上合组织20多年在农业合作上取得的长足进展和杨凌示范区自身的优势、经验为上合组织农业基地促进上合组织发展共同体建设奠定了坚实良好的基础。上合组织农业基地在构建上合组织命运共同体的征程中还面临着不少困难和挑战，应从构建上合组织命运共同体中寻找解决妨碍上合组织农业基地发展的根本路径，紧紧围绕建设上合组织命运共同体这一总目标，积极趋利避害，主动化危为机，努力将上合组织农业基地打造成构建上合组织命运共同体的样板项目。

【关键词】上合组织；农业技术交流培训示范；命运共同体；上合组织农业基地；农业合作

【作者简介】邓浩，中国上合组织研究中心秘书长、中国国际问题研究院研究员。

  2022 年是习近平主席提出在陕西杨凌设立上海合作组织农业技术交流培训示范基地（以下简称"上合组织农业基地"）倡议三周年。三年来，在中方的不懈努力下，这一重要倡议得到了成员国的积极响应，成为上合组织的合作共识，并迅速实现了从中国倡议到上合组织农业合作多边平台的成功转化。2020 年 10 月 22 日，上海合作组织农业技术交流培训示范基地在陕西杨凌正式揭牌运行，标志着上合组织农业合作在机制创新上迈出重要步伐，开启了中国与上合组织国家农业合作的新纪元。2021 年，上合组织第六届农业部长会议通过了中方提出的上海合作组织农业技术交流培训示范基地构想，明确了基地发展的方向、目标和任务，为上合组织农业基地的运行提供了基本制度保障和行动指南。三年来，上合组织农业基地在平台建设、国际交流、涉外培训、示范园区、产业合作等方面取得一系列"早期收获"，呈现出一派勃勃生机，充分证明了习近平主席关于设立上合组织农业基地的倡议是极富远见、十分正确的，它契合上合地区发展农业的现实需求，符合成员国加强农业合作的迫切愿望，对推动上合组织实现共同发展愿景乃至构建上合组织命运共同体均具有积极的现实意义。

  上合组织农业基地的建立和运行是中国推动上合组织命运共同体建设的一次有益尝试，它以农业合作为切入点和突破口，积极践行"共商、共建、共享"的互利共赢原则，着力推进各成员国实现农业发展战略目标，确保粮食安全保障能力，提高农产品国际市场竞争力，促进成员国农业共同发展与繁荣，为构建上合组织发展共同体创造了有利条件，从而为构建上合组织命运共同体作出了积极贡献。上合组织农业基地的实践充分证明，构建上合组织命运共同体理念绝不是一个空洞虚幻的概念，而是有着实实在在的现实需求，具有广阔无垠的发展前景，是引领上合组织农业发展的根本指针，为上合组织农业可持续发展提供了强大动力。作为构建上合组织命运共同体的具体实践，上合组织农业基地建设的不断推进，不仅有益于上合组织农业发展的现代化，也将对构建上合组织命运共同体大有裨益。

一、构建上合组织命运共同体是上合组织农业基地建设的"初心"

2019年6月14日，习近平主席在出席上合组织成员国元首理事会第十九次会议时发表了题为《凝心聚力 务实笃行 共创上海合作组织美好明天》的重要讲话，指出要牢牢把握世界多极化、经济全球化大势，从"上海精神"中发掘智慧，从团结合作中获取力量，携手构建更加紧密的上海合作组织命运共同体，并提出要把上合组织打造成团结互信、安危共担、互利共赢、包容互鉴的典范。正是在这一重要讲话中，习近平主席郑重发出倡议："中方愿在陕西省设立上海合作组织农业技术交流培训示范基地，加强同地区国家在现代农业领域的合作。"① 显而易见，习近平主席是在构建上合组织命运共同体这一重大倡议背景下提出设立上合组织农业基地的，从而赋予上合组织农业基地宏大的历史使命，使上合组织农业基地从提出伊始便与构建上合组织命运共同体目标紧密地联系在一起，成为中方推动上合组织命运共同体建设的具体举措之一，体现了中方推进上合组织命运共同体建设的切实担当。可以说，构建上合组织命运共同体就是上合组织农业基地建立的"初心"所在，既是上合组织农业基地建立的出发点，也是上合组织农业基地发展的最终归宿。

构建上合组织命运共同体是习近平主席外交思想在上合组织的集中体现，是习近平主席坚持推动构建人类命运共同体主张与上合组织实际紧密结合、有机融合的产物，是中国为新时期上合组织发展贡献的新理念、新方案、新智慧的集大成者。2014年，习近平主席在杜尚别上合组织第十四次峰会上首次提出"命运共同体"新理念，指出上合组织要"牢固树立同舟共济、荣辱与共的命运共同体、利益共同体意识"。② 2018年，习近平主

---

① 习近平:《凝心聚力 务实笃行 共创上海合作组织美好明天》，人民网，2019年6月15日，http://politics.people.com.cn/BIG5/n1/2019/0615/c1024-31153640.html，访问日期：2022年6月12日。
② 《习近平在上海合作组织成员国元首理事会第十四次会议上的讲话（全文）》，新华网，2014年9月12日，http://www.xinhuanet.com/world/2014-09/12/c_1112464703.htm，访问日期：2022年6月12日。

席在青岛上合组织第十八次峰会上郑重提出构建上合组织命运共同体的重大倡议，把命运共同体理念与上合组织紧密地联结在一起，指明了扩员后上合组织的奋斗目标和前进方向，旗帜鲜明地回答了上合组织向何处去这一时代之问。① 在青岛峰会上，习近平主席创造性地提出弘扬"上海精神"的新"五观"，即创新、绿色、协调、开放、共享的发展观，共同、综合、合作、可持续的安全观，开放、融通、互利、共赢的合作观，平等、互鉴、对话、包容的文明观，共商、共建、共享的全球治理观，不仅为"上海精神"注入新的时代内涵，也为构建上合组织命运共同体提供了系统性、理论化的指导思想和根本遵循。近年来，习近平主席相继提出要把上合组织打造成团结互信、安危共担、互利共赢、包容互鉴的典范；② 要构建卫生健康、安全、发展、人文共同体；③ 要走团结合作、安危共担、合作共赢、包容互鉴、公平正义之路，④ 从而明确回答了"构建一个什么样的上合组织命运共同体"的问题，指明了构建上合组织命运共同体的目标和任务，使上合组织命运共同体理念更加系统化，构成一个具有内在联系的全面完整的价值链。新"五观"、"四个典范"、"四个共同体"、"五条路"一脉相承，环环相扣，层层递进，体现了习近平主席关于构建上合组织命运共同体倡议的基本要义和精神内涵。

习近平主席关于在上合组织构建人类命运共同体的思想符合时代潮流，契合地区治理现实需要和上合组织自身发展的内在要求，得到了上合组织成员国的高度认同。2017年上合组织元首阿斯塔纳宣言首次提出要构建人类命运共同体。⑤ 2018年上合组织元首青岛宣言指出，要"推动建设相互

---

① 《习近平：弘扬"上海精神"，破解时代难题》，新华网，2018年6月10日，http://www.xinhuanet.com/world/2018-06/10/c_129891242.htm，访问日期：2022年6月12日。

② 《习近平主席在上海合作组织成员国元首理事会第十九次会议上的讲话（全文）》，新华网，2019年6月14日，http://www.xinhuanet.com/politics/leaders/2019-06/14/c_112425213.htm，访问日期：2022年6月12日。

③ 《习近平在上海合作组织成员国元首理事会第二十次会议上的讲话（全文）》，新华网，2020年11月10日，http://www.xinhuanet.com/politics/leaders/2020-11/10/c_1126723118.htm，访问日期：2022年6月12日。

④ 《习近平在上海合作组织成员国元首理事会第二十一次会议上的讲话（全文）》，中国政府网，http://www.gov.cn/xinwen/2021-09/17/content_5638055.htm，访问日期：2022年6月12日。

⑤ 《上海合作组织成员国元首阿斯塔纳宣言（全文）》，人民网，2017年6月9日，http://politics.people.com.cn/n1/2017/0609/c1001-29330638.html，访问日期：2022年6月12日。

尊重、公平正义、合作共赢的新型国际关系，确立构建人类命运共同体的共同理念"。① 2019年上合组织元首比什凯克宣言强调："倡议推动建设相互尊重、公平正义、合作共赢的新型国际关系，形成构建人类命运共同体的共同理念十分重要。" 2020年上合组织莫斯科宣言重申："倡议推动建设相互尊重、公平正义、合作共赢的新型国际关系，形成构建人类命运共同体的共同理念具有重要现实意义。"② 2021年上合组织杜尚别二十周年宣言指出："倡议推动构建相互尊重、公平正义、合作共赢的新型国家关系，形成构建人类命运共同体的共同理念具有重要现实意义。"③

习近平主席在上合组织中提出"命运共同体"理念以来，中国一直积极主动地不断贡献中国力量，彰显应有的中国担当，为构建上合组织命运共同体进行了可贵的探索，积累了宝贵经验。安全上，中国积极倡导并践行共同、综合、合作、可持续的新型安全观，推动订立《反极端主义公约》，建立中国—上合组织司法交流合作培训基地，主办网络反恐演习，积极推动构建上合组织安全共同体；经济上，中国先后在山东青岛建设中国—上合组织地方经贸合作示范区和上合组织技术转移中心，在陕西杨凌建立上海合作组织农业技术交流培训示范基地，倡导共建"一带一路"，并在上合组织银联体框架内设立300亿元人民币等值专项贷款，积极探索构建上合组织发展共同体；人文上，中国成立中国上合组织睦邻友好合作委员会，组建中国—上合组织地学研究中心，举办"上合组织青年交流营"，向成员国提供大量来华留学政府奖学金，建立中国—上合组织环保信息共享平台，中国—上合组织青年交流中心，启动"上合组织科技伙伴计划"，以有力举措推动构建上合组织人文共同体。

由上可见，倡建上合组织农业基地是中国推动构建上合组织命运共同体宏大计划不可分割的有机组成部分，是中国推进构建上合组织发展共同

---

① 《上海合作组织成员国元首理事会青岛宣言（全文）》，新华网，2018年6月11日，http://www.xinhuanet.com/2018-06/11/c_1122964988.htm?agt=5757，访问日期：2022年6月12日。

② 《上海合作组织成员国元首理事会莫斯科宣言》，新华网，2020年11月11日，http://www.xinhuanet.com/2020-11/11/c_1126723429.htm，访问日期：2022年6月12日。

③ 《上海合作组织二十周年杜尚别宣言（全文）》，中华人民共和国外交部网站，2021年9月18日，http://russiaembassy.fmprc.gov.cn/web/zyxw/202109/t20210918_9604461.shtml，访问日期：2022年6月12日。

体的重要举措之一，目的就是要探索上合组织务实合作的新路径，夯实构建上合组织命运共同体的物质基础，促进上合组织命运共同体建设向前发展。可以说，构建上合组织命运共同体是上合组织农业基地建设的真谛和目标所在。

二、上合组织农业基地对构建上合组织命运共同体的意义和作用

上合组织农业基地是第一个将中国倡议变为上合组织多边合作平台的成功范例，它的建立和运行是对构建上合组织命运共同体的有益探索，对推进上合组织命运共同体建设具有积极意义和作用。

（一）上合组织农业基地的建立和运行是对命运共同体理念的积极践行，有助于增进和强化成员国的共同体意识

多样化、差异性突出是上合组织的基本特点，也是上合组织发展面临的重大难题。在上合组织中，除中小成员国外，还有中俄印这样的新兴大国。大小国家并存共处，多元异质，客观上加大了组织内部的协调难度。同时，个别成员国之间存在领土之争、民族矛盾、水资源争端等，冲突时起，给组织内部团结互信投下了阴影，影响成员国形成合作共识，达成一致行动。在此背景下，如何在多样化中找到一致点，在差异性中寻求共同性，便成为上合组织发展面临的重要任务，而构建上合组织命运共同体就是要求同化异，凝聚共识，不断扩大共同利益，努力形成集体认同，从而实现共同发展。上合组织农业基地的建立过程实质上就是对构建上合组织命运共同体理念的积极践行，它紧扣上合组织成员国共建命运共同体的最佳结合点——农业国际合作，抓住各方在农业领域的共同关切，最大限度地凝聚各方共识，采取成员国普遍容易接受的方式，推进成员国农业交流合作，因而得到成员国的积极响应和一致认可，从而为增进成员国之间的了解、信任乃至达成共识，形成共同行动创造了有利条件。

众所周知，上合组织成员国都是发展中国家和新兴国家，农业在各国经济中都占有重要位置，农业人口在成员国总人口中的占比都较高，这使

农业成为各成员国重要的利益交汇点,为各方开展合作共建利益共同体提供了有利前提。根据世界银行统计,在上合组织成员国中,农业对GDP的贡献率在10%以上的国家从高到低依次是巴基斯坦(22.9%)、塔吉克斯坦(20.37%)、乌兹别克斯坦(17.3%)、印度(15.5%)、吉尔吉斯斯坦(12.3%),由此可见农业在成员国经济中的重要地位。[①] 从农业人口比重看,巴基斯坦、塔吉克斯坦、印度、吉尔吉斯斯坦、乌兹别克斯坦从事农业的人口在各国总人口中的占比都在20%以上。鲜明突出的农业特征无疑构成成员国的一大共性,为拉近彼此关系、增进共同意识提供了得天独厚的有利条件。

农业是上合组织成员国的传统产业,但由于农业基础设施、技术装备、信息等存在不足或缺乏,上合组织成员国的农业生产率并不高,均属于农业欠发达国家,尤其是中亚成员国普遍面临土壤沙化严重、灌溉水源不足、农业品种老化、病虫害日益增多等突出问题,可谓困难重重。目前,成员国都亟须提高粮食安全保障水平,调整农业生产结构,发展农业技术,稳定农产品价格,增加农民收入。随着新冠肺炎疫情的蔓延和乌克兰危机的爆发,上合组织成员国粮食安全风险陡增,直接威胁各国百姓生活,对各国经济社会稳定构成严重挑战。在此背景下,如何摆脱农业落后状态,跟上世界先进农业发展步伐,确保居民基本生活稳定成为各国面临的共同难题,亟须大家团结协作,共谋出路,这令成员国在农业领域中找到了强劲的合作发力点,从而为上合组织农业基地在农业领域践行命运共同体理念,推动上合组织发展共同体建设提供了重要契机和动力。

开展农业合作,政治敏感度相对较低,这也是其成为上合组织成员国合作热土的重要原因。上合组织成员国都是发展中国家,中亚成员国皆是苏联解体后刚刚走上独立的新生国家,处在建国立制发展阶段,十分珍视来之不易的独立主权地位,都把维护本国利益看得高于一切。在此背景下,选择在敏感度相对不高的领域推进合作便成为当前上合组织合作的主要途径。而农业在上合组织合作选项中属于敏感度不高的领域,对国家独立主

---

① 肖斌:《粮食安全合作:上海合作组织成员国农业合作的重要动力》,载《上海合作组织发展报告(2019)》,中国社会科学文献出版社,2019,第206页。

权领土完整等重大利益的直接影响相对有限，因而较易成为推进上合组织发展共同体优先选择的合作领域，有利于迅速凝聚成员国合作共识，形成共同行动。

（二）上合组织成员国在农业领域存在明显的互补性，为上合组织农业基地推动成员国农业合作提供了得天独厚的有利条件，有助于上合组织命运共同体建设在农业领域率先加速，形成示范带动效应

首先，上合组织成员国在农业自然禀赋上丰富多样，相互之间形成了较好的互补性，为开展农业合作提供了优越的基础性条件。上合组织成员国气候多样，俄罗斯、哈萨克斯坦冬季漫长，与中国南方和印度、巴基斯坦气候形成鲜明对比，双方在不同气候带下生产的农作物形成很好的互补。印度和巴基斯坦拥有广袤的耕地面积（其耕地面积占农业用地面积的比重高于80%），而哈萨克斯坦、吉尔吉斯斯坦拥有辽阔的草场和牧场（其占国土面积的比重高于47%），双方形成了明显的农业和牧业的互补。哈萨克斯坦和俄罗斯的农村人均耕地面积是中国农村人均耕地面积的14倍，双方在农地资源上形成了明显互补。农业自然禀赋上鲜明的互补性无疑成为激励上合组织成员国加强农业合作的加速器。

其次，成员国在农业生产上各具特色，各有所长，相互之间形成了较强的贸易互补。中国、印度、俄罗斯和哈萨克斯坦是世界重要粮食生产国和贸易国，其中，俄罗斯居世界小麦出口首位（2018年占世界出口总量的23.07%），印度则居世界大米出口首位（2018年占世界出口总量的25.23%）。中国、印度、巴基斯坦、乌兹别克斯坦是世界重要棉花生产国和贸易国。中国在劳动密集型农产品上具有优势，上合组织国家在土地（或资源）密集型农产品上具有优势。中国是全球最大农产品进口国，中国对优质特色和绿色农产品的需求持续增长，进口增势强劲，为其他成员国绿色农产品出口提供了巨大市场。

最后，成员国在农业科技发展上不均衡，在农业技术运用上存在明显差异，为相互开展农技合作提供了巨大空间。目前，在上合组织多数成员国中，涉农二、三产业发展总体处于较低水平，而我国的农业技术，如农作物及经济作物种植、渔业养殖技术等在世界上处于较为领先的地位。俄罗斯、哈萨克斯坦冬季漫长寒冷，生产反季节蔬菜水果的技术不高，而中国则具有这方面成熟的生产技术。农业科技、农业机械、农产品加工在中亚成员国都是薄弱环节，而中国在上述方面具有丰富的经验并掌握了现代技术，可以帮助中亚成员国实现农业技术工艺的更新换代。

（三）上合组织农业合作20多年取得长足进展，为上合组织农业基地促进成员国农业合作进而夯实上合组织命运共同体物质基础奠定了良好根基

农业合作一直都是上合组织经济合作的优先领域。在2003年首版《上海合作组织多边经贸合作纲要》中，农业合作即被确定为上合组织经济合作的优先领域之一。2010年，上合组织举行首届农业部长会议，签署了《成员国政府间农业合作协定》，并建立常设农业工作组，为上合组织农业合作提供了机制和制度保障。迄今，在上合组织框架内已成功举办六届成员国农业部长会议。2018年10月，上合组织通过《成员国粮食安全合作纲要》，成为上合组织农业合作向纵深发展的标志性文件。2021年8月12日，上合组织第六届农业部长会议以视频方式举行，会议审议通过了《上海合作组织农业技术交流培训示范基地建设构想》，使上合组织农业基地完成了法定审批程序，成为首个上合组织成员国"共商、共建、共享"的农业交流合作平台。2021年9月17日，在上海合作组织成员国元首理事会第二十一次会议举行期间，成员国发表了《上海合作组织成员国元首理事会关于粮食安全的声明》，提出要让农业在国际供应链重塑中发挥重要作用，确保区域粮食安全。近年来，随着"一带一路"持续推进，上合组织陆续签署了一系列质检协议，为成员国之间农业贸易开辟了方便之门，尤其是中国国际进口博览会的举行，为成员国农产品打开了全球最大的进口市场。

上合组织成立20多年来，上合组织成员国间的农产品贸易发展迅速，进出口总额增长了50多倍。2019年，中国对上合组织国家农产品出口额为33.66亿美元，是2005年的4.1倍，中国自上合组织国家农产品进口额为74.77亿美元，是2005年的4.7倍。中国自上合组织国家进口的农产品种类由2001年的106种增至2018年的212种，中国对上合组织国家出口的农产

品种类由 2001 年的 218 种增至 2018 年的 375 种。

由上可见，农业正成为上合组织合作新的增长点，显示出巨大的合作潜力。这为上合组织农业基地推进上合组织农业合作转型升级提供了重要机遇，有利于形成示范效应，带动整个上合组织的经济合作向前发展。

（四）杨凌是我国传统农业的发祥地，也是中国现代农业发展的一个典范，其超前的理念、先进的技术和管理经验对上合组织成员国的农业发展极具参考价值，成为推进上合组织农业技术交流培训示范的上佳平台，有利于闯出一条上合组织经济合作乃至地区命运共同体建设的新路

1997 年，中华人民共和国国务院批准设立了杨凌农业高新技术产业示范区，是中国建立的第一个农业高新技术产业示范区，目前已建成集现代农业研究中心、国际联合实验室、农业技术推广应用平台为一体的综合示范基地，为上合组织成员国开展农业合作提供了优越条件。杨凌在设施农业、节水灌溉、水土保持等相关领域有深入的研究和成功的探索，加之杨凌所在的地区自然禀赋和上合组织核心区——中亚成员国具有高度的相似性，其经验、技术、设备非常适合向中亚成员国推广应用，有助于解决当地农业面临的现实难题，提高其农业生产率，减轻农民负担，增加农业收入。杨凌示范区开展国际间农业技术交流培训已有近 20 年，已成为全国目前唯一的推动农业国际交流合作的自贸区。杨凌搭建的国际农业科技商务服务平台，汇聚企业、商协会、智库等涉农资源，通过网内网外为涉农企业和有关机构提供咨询、信息等服务，对农业国际合作具有重要的参考价值。杨凌示范区在俄罗斯、哈萨克斯坦、美国设立三个农业海外投资促进服务中心，在荷兰、日本等国设立了国际事务部，服务农业投资贸易，为企业提供融资、法律、信息交流等服务，助力涉农企业"引进来""走出去"。杨凌示范区秉持的理念、积累的经验、取得的进展，无疑为杨凌上合基地建设提供了重要的借鉴和参考。

三、上合组织农业基地推进上合组织命运共同体建设面临的挑战和任务

作为推进构建上合组织命运共同体的重要举措，上合组织农业基地建设开局良好，形势喜人。但同时也要看到，在推进构建上合组织命运共同体的道路上，基地还面临诸多挑战和考验。

首先，上合地区形势演变中的不确定、不稳定、不安全因素呈现上升之势，导致地区环境趋于复杂，对上合组织农业基地推进上合组织农业合作、构建上合组织发展共同体构成不利影响。从大国关系看，随着乌克兰危机的爆发，俄与美国和西方关系彻底破裂，上合地区的大国关系不确定加大，对抗风险增加，地区出现地缘政治冲突的风险明显加大。从地区安全看，阿富汗发生剧变、新冠肺炎疫情肆虐蔓延、地缘角力加剧等相互交织作用，给地区安全蒙上浓重阴影，把地区安全风险推向新高。从地区经济看，乌克兰危机对成员国经济的负面影响逐渐显现，俄罗斯首当其冲，中亚成员国也不能幸免，地区经济大有滑向新的危机之虞。

其次，上合组织本身面临的困难和挑战呈现增大之势，对上合组织农业基地凝聚成员国合作共识，促进共同发展构成掣肘。2021年，上合组织决定启动伊朗成为正式成员国的程序，开启第二次扩员进程，预示着内部差异性和多样性将进一步加大，这会使组织内部协调、一致行动面临更大难度，尤其是部分成员国双边矛盾加剧，冲突上升，给上合组织合作蒙上阴影；同时，上合组织经济合作的制度建设仍显滞后，成员国发展差距进一步拉大，迄今未能建立支持经济合作的开发银行，加之与本地区其他区域经济合作机制未能形成合力，甚至形成不当竞争，这都对上合组织农业基地实施既定目标带来阻碍。

最后，上合组织成员国在农业合作上仍存在不少短板和弱项，制约着上合组织农业基地潜力的充分释放。在农业贸易便利化上，部分成员国对外开放度偏低，对国内农业产业的保护关税相对较高；成员国之间质检标准差异较大，尚缺乏统一的区域标准；部分成员国农业产品通关程序手续繁杂；成员国在农产品检验检疫方面迄今未能实现互认。在物流效率上，

成员国因为互联互通发展滞后，部分成员国处于欧亚腹地，物流绩效较低，导致农业贸易成本偏高。在营商环境上，不少成员国法制机制不健全、公共服务体系滞后、政府职能部门效率低，权力寻租和官僚腐败等问题依然突出，上述因素无疑会导致成员国农业贸易成本上升，阻碍农业合作的稳定健康可持续发展。

上述问题、困难的存在对上合组织农业基地既是压力和挑战，更是动力，凸显构建上合组织命运共同体的重要性和紧迫性。应从构建上合组织命运共同体中积极寻找解决上合组织农业基地问题的根本路径，紧紧围绕建设上合组织命运共同体这一总目标，积极趋利避害，主动化危为机，努力将上合组织农业基地打造成构建上合组织命运共同体的样板项目。

一要加强上合组织成员国之间农业政策和发展战略方面的经验交流，加强成员国在农业战略和政策上的相互协调，促进各方相向而行，逐渐消除各国在农业政策上的差异和壁垒，最大限度增进共识，努力形成集体认同。坚持中亚是上合组织核心区原则，以中亚地区为主要工作对象，并实施国别政策，积极探索在上合组织框架内解决中亚成员国水资源问题和咸海生态问题有效途径。

二要厘清上合组织成员国农业法规、制度、标准等方面的异同，坚持问题导向，促进地区各国在农业方面的制度对接，缩小制度差异，着力推进地区农产品贸易和投资便利化进程，不断改善营商环境，积极为实现地区农业一体化创造有利条件。

三要加大融入数字经济，强化绿色环保理念，不断提高基地科技含量，持续提升培训水平，努力形成示范作用。紧紧依托西北农林科技大学，以示范基地为平台，积极探索培养成员国高层次现代农业人才的有效途径，加强同其他上合组织成员国农业大学和科研机构横向联系和交流，努力把基地做大做强。

四要积极"走出去"，创造条件在成员国建立杨凌分基地，共建农业高科技园区，扩大基地示范辐射区和影响力。

结　语

　　上合组织农业基地的建立和运行是中国为促进上合组织农业合作贡献的中国方案，是中国为推动构建上合组织命运共同体而实施的重要举措。上合组织农业基地之所以能迅速从中国倡议变为上合组织多边合作平台，根本原因在于这一倡议秉承"上海精神"和人类命运共同体理念，充分践行了共商、共建、共享原则，表明在上合组织中构建人类命运共同体不仅十分必要，而且切实可行。当前，世界正经历百年未有之大变局，上合组织所在地区形势正在发生前所未有的复杂深刻变化，安全与发展两大问题均面临严峻考验，地区治理之争愈演愈烈，上合组织本身也凸显内部改革的重要性和紧迫性，构建上合组织命运共同体就是中国为此开出的"中国药方"，它不仅有助于上合组织克敌制胜，行稳致远，也对上合组织各项合作攻坚克难大有助益。未来只要上合组织农业基地始终牢记构建上合组织命运共同体这一"初心"并坚持不懈积极践行，就一定能不断发展壮大，迎来更广阔的合作空间。

Успешная практика формирования сообщества единой судьбы ШОС

—Роль и значение аграрной базы ШОС в формировании сообщества единой судьбы ШОС

Дэн Хао

Аннотация: Демонстрационная база ШОС по обмену и обучению аграрным технологиям была построена по важной инициативе председателя КНР Си Цзиньпина. Это является одним из важных шагов для формирования сообщества единой судьбы ШОС и имеет большое значение в таких направлениях, как осуществление стратегического развития сельского хозяйства государствами–членами, обеспечение продовольственной безопасности, повышение конкурентоспособности сельскохозяйственной продукции на международном рынке, содействие общему развитию и процветанию сельского хозяйства в государствах–членах ШОС, что способствует укреплению материальной базы сообщества единой судьбы ШОС. Строительство сельскохозяйственной базы ШОС является активной реализацией концепции о сообществе единой судьбы ШОС. Этот проект направлен на культивирование и укрепление данной концепции среди государств–членов. Государства–члены ШОС являются взаимодополняемыми в плане сельского хозяйства, что обеспечивает уникальные благоприятные условия для строительства сельскохозяйственной базы ШОС, которая поможет ускорить формирование сообщества единой судьбы ШОС и послужит примером для других стран–членов ШОС. Большой прогресс, достигнутый ШОС в сельскохозяйственном сотрудничестве за последние 20 лет, преимущества и опыт показательной зоны Янлин заложили прочную основу для содействия строительству сообщества единой судьбы ШОС на основе сельскохозяйственной базы. На пути построения сообщества единой судьбы ШОС сельскохозяйственная база ШОС все же сталкивается со многими трудностями и вызовами. Необходимо в строительстве сообщества единой судьбы ШОС найти путь для устранения препятствий развитию сельскохозяйственной базы ШОС. Преследуя общую цель формирования сообщества единой судьбы ШОС, нужно активно действовать, извлекая полезное и избегая вредных воздействий, превратить кризисы в возможности и стремиться преобразовать сельскохозяйственную базу ШОС в образцовый проект для формирования сообщества единой судьбы ШОС.

Ключевые слова: ШОС; обмен агротехнологиями; сообщество единой судьбы; демонстрационная база ШОС по обмену и обучению аграрным технологиям; аграрное сотрудничество

Об авторе: Дэн Хао, генеральный секретарь Китайского исследовательского центра ШОС, Старший научный сотрудничк Китайской академии международных проблем.

The Successful Practice of Constructing an SCO Community of Shared Future

—The Significance and Role of the SCO Agricultural Base in Constructing an SCO Community of Shared Future

Deng Hao

Abstract: The establishment of the SCO Demonstration Base for Agricultural Technology Exchange and Training is an important proposal put forward by Chinese President Xi Jinping to promote the agricultural cooperation of the SCO, and is one of the important measures for China to advance the building of an SCO community of shared future. It will facilitate member states to realize their strategic objectives of agricultural development, strengthen the capability of ensuring food security, improve the competitiveness of agricultural products in international markets and promote the common development and prosperity in agriculture of member states, which contribute to the solidification of the physical foundation for the building of an SCO community of shared future. The construction of the SCO Agricultural Base is an active practice of an SCO community of shared future, and will help foster and enhance the "community awareness" of the member states. The strong complementarity in agriculture between SCO member states provides unique favorable condition for the construction of the SCO Agricultural Base, and helps to accelerate the construction of an SCO community with shared future in the agricultural field, playing a demonstration and leading role. The great progress made by the SCO in agricultural cooperation in the past 20 years and the advantages and experiences of agricultural demonstration zone located in Yangling has laid a solid foundation for the SCO Agricultural Base to promote the building of an

SCO development community. The SCO Agricultural Base are confronted with many difficulties and challenges in the journey of establishing a community of shard future for the SCO. The fundamental approach to solving the problems hindering the development of the SCO Agricultural Base should be explored in the practice of building an SCO community of shared future.

Keywords: SCO; agricultural technology exchange, training and demonstration; community of shared future; SCO Agricultural Base; agricultural cooperation

Author: Deng Hao, Secretary—General of China Center for SCO Studies, and Research Fellow of China Institute of International Studies.

上合组织区域合作的创新之举

——上合组织农业基地对上合组织经济合作的示范引领作用

刘华芹

【内容提要】 上合组织扩员后,地方合作成为区域经济合作转型升级、实现高质量、可持续发展的新增长点。上合组织农业基地作为上合组织框架下地方层级合作的标杆发挥了较强的引领示范效应,主要体现在三个方面:其一,上合组织农业基地是一个成功的示范项目。这是上合组织扩员后首个成员国达成共识的多边合作项目,也是首个由地方主导的区域经济合作项目,意义非凡;其二,上合组织农业基地打造了新型示范合作模式,构建了集涉农培训、农业科研及农业经贸合作为一体的产学研全产业链合作模式,融合人文交流与服务贸易的全新合作模式,打造了"实体基地+境外园区"的地方合作新模式;其三,上合组织农业基地拥有实力强大的示范团队,具有丰富的援外培训经验及成熟的上合组织国际合作经验,拥有高水平的专家团队,并联合青岛、上海、连云港等地方合作平台,拓展与其他国家地方机构的合作,构建日益完备的地方合作网络,为深化上合组织区域经济合作作出了"杨凌贡献"。

【关键词】 上合组织农业基地;示范效应;创新模式;地方合作;杨凌

【作者简介】 刘华芹,商务部国际贸易经济合作研究院欧亚研究所所长,研究员。

自2001年成立以来,上海合作组织(以下简称"上合组织")历经20年发展,走过了不平凡的发展道路。其间,区域经济合作从无到有,快速发展，取得了令人瞩目的成就，大大提升了区域整体经济水平，并惠及各国人民。2017年首次扩员后，上合组织成为世界上幅员最广、人口最多的综合性区域合作组织。伴随扩员进程，区域经济合作步入高质量、可持续发展的新阶段。

2019年，上合组织成员国政府首脑（总理）理事会第十八次会议通过了新版《上海合作组织成员国多边经贸合作纲要》（简称《纲要》），这是指导2020—2035年上合组织经济合作的重要纲领性文件。《纲要》提出了深化区域经济合作的新领域，农业合作列为重要方向，将"实施旨在推动农业可持续管理，扩大农业市场的具体措施；促进动植物检验检疫和粮食安全领域的合作；协助各国农业企业建立合作；进行种植业、育种业和畜牧业经验交流；发展智慧农业和农业创新领域合作"。《纲要》还首次将区域发展领域列为重要合作方向，并强调深化教育领域合作，大力推动成员国在贸易投资、银行金融和交通物流领域的合作，等等。①

为了提升区域经济合作水平，迫切需要吸引更多主体参与合作，地方合作赢得了各方的极大关注，成为新的增长点。2019年11月，上合组织成员国政府首脑（总理）理事会第十八次会议通过了《上合组织成员国地方领导人论坛章程》和《上合组织成员国地方合作发展纲要》，②旨在推动各国地方间贸易、投资、工业、农业、交通基础设施、科技创新、教育文化等领域的合作，为深化地方合作创造了有利条件。2019年6月，中国国家主席习近平在比什凯克出席上合组织成员国元首理事会第十九次会议并提出"中方愿在陕西省设立上海合作组织农业技术交流培训示范基地，③加强同地区国家现代农业领域的合作"的倡议。上合组织农业基地成为首个以地方为主体的创新合作模式。

---

① 《上海合作组织成员国经贸部长第十八次会议通过区域经济合作新的纲领性指导文件》，中华人民共和国商务部网站，2019年9月26日，http://www.mofcom.gov.cn/article/xwfb/xwrcxw/201909/20190902901282.shtml，访问日期：2022年6月10日。
② 《上海合作组织成员国元首理事会比什凯克宣言（全文）》，新华网，2019年6月15日，http://www.xinhuanet.com/world/2019-06/15/c_1124625929.htm，访问日期：2022年6月10日。
③ 《习近平主席在上海合作组织成员国元首理事会第十九次会议上的讲话（全文）》，中国日报网，2019年6月14日，https://baijiahao.baidu.com/s?id=1636321314600084745&wfr=spider&for=pc，访问日期：2022年6月10日。

2020年10月29日，上合组织成员国第一届地方领导人论坛以视频方式举行。①中方指出，地方合作是上合组织区域合作的重要组成部分，中国的山东省、重庆市、新疆维吾尔自治区、陕西省正在积极搭建上合组织地方合作平台，建议各方在以下领域共同促进地方友好交往，深化互利合作：一是加强区域发展战略和政策对接，推进重点项目合作；二是提升贸易便利化水平和服务能力，维护产业链供应链稳定顺畅；三是共同优化营商环境，加大对企业和项目的扶持保护力度；四是推动农业经济技术合作、农产品贸易和减贫能力建设，促进包容、可持续发展。在新形势下探寻多方参与、多领域融合的新型地方经济合作模式成为深化区域经济合作的新任务。上合组织农业基地为此做了示范，取得了积极成效。

一、上合组织的新型示范项目

上合组织农业基地成为上合组织框架下地方合作的标杆，在多领域展现了其独特性和创新性。

（一）首个成员国达成共识的多边合作项目

在20多年发展过程中，上合组织框架下的合作项目主要集中在双边层面，成员国共同参与的多边合作项目少之又少，源于上合组织的"协商一致"原则以及成员国之间利益诉求的巨大差异。上合组织农业基地在多边合作领域开辟了先河，成为扩员后八个成员国首次达成共识的区域合作项目，意义非凡。在第五届、第六届上合组织成员国农业部长会议上，八个成员国一致审议并通过了《建设上海合作组织农业技术交流培训示范基地的倡议》和《上海合作组织农业技术交流培训示范基地的建设构想》，为上合组织农业基地建设奠定了重要法律基础。此外，上合组织农业基地通过多层级合作协调机制，大力推进合作进程。在政府层面，依托上合组织农业部长会议、上合组织现代农业发展圆桌会议和常设农业专家组等机制

---

① 《商务部副部长、国际贸易谈判副代表俞建华出席上海合作组织成员国第一届地方领导人论坛并致辞》，中华人民共和国商务网，2020年10月30日，http://oys.mofcom.gov.cn/article/gzdt/202010/20201003011915.shtml，访问日期：2022年6月10日。

促进八方就基地建设的重点合作项目达成共识。在国内由农业农村部、外交部、科技部、发展改革委、教育部、财政部、商务部、国际发展合作署和陕西省政府共同建立上合组织农业基地建设协调机制。在民间层面，上合组织农业基地现代农业发展研究院以项目方式与俄罗斯、哈萨克斯坦、巴基斯坦、吉尔吉斯斯坦和阿塞拜疆等国高校及科研机构开展交流与合作，由此上合组织农业基地形成了相互支撑的立体式合作机制，为国际合作的正常运转提供了有效机制保障。

（二）首个地方主导的区域经济合作项目

多年来，上合组织区域经济合作一直采用政府主导、大企业为主体的合作模式，上合组织农业基地则是首个由地方组织——杨凌示范区牵头，在部际协调机制和省建设领导小组的指导下开展多边合作，具有更大自主性。上合组织农业基地建设实现了三个有机结合：一是部委与地方的结合。部省协调机制为此提供了强力支撑。二是多领域结合。上合组织农业基地虽然以农业合作为主，但已延展至上合组织框架下的诸多合作领域，包括区域发展领域、教育合作、贸易投资、银行金融和交通物流等等，打造了综合经贸合作平台。三是多主体结合，虽然杨凌示范区主导基地建设，但是参与共建的单位众多，如在境外已经与俄罗斯联邦总商会、乌兹别克斯坦国家商品原料交易所等外方单位建立了长期合作关系；在国内，与西北农林科技大学等科研教育机构、农高会等实体经济部门，以及大量国有和民营企业，甚至福建、新疆等外省单位建立了合作关系。上合组织农业基地成为名副其实的共商共建共享合作平台。

二、打造新型示范合作模式

上合组织农业基地按照"一基地多平台（交流）、一中心多园区（经贸）、一院多所（科研）"的框架推进合作，创新了上合组织区域经济合作的模式，探索了深化经贸合作的新路径。

（一）构建产学研一体化的全产业链合作模式

上合组织农业基地立足于"学"开展人才培训，并向农业科研和农业经贸合作拓展，形成涵盖教育、科研及经贸合作的全产业链跨境合作新模式。

在"学"方面，充分依托西北农林科技大学、丝绸之路农业教育科技创新联盟、上合组织涉农高校联盟、国际农业联合研究中心、FAO旱作农业参考中心（旱作农业）、中乌农业专业教育合作项目——杨凌职院古利斯坦国立大学现代农业学院以及上合现代农业研究院扩大涉农人才培训与交流。

在"研"方面，计划建设现代农业国际联合实验室。依托"秦创原创新驱动平台"农业板块建设，探索建立农业领域国际科技合作基地，包括现代农业研究中心、国际联合实验室、农业技术推广应用平台等，推动境内外农业科研人员开展关键技术联合研究和协同攻关，促进农业科技成果转化和示范推广。

在"产"方面，充分利用陕西自贸区、综保区和跨境电商综合试验区等平台资源，依托亚欧国际运输与经贸合作走廊、中欧班列长安号等渠道，开通上合组织国家农产品电商平台销售渠道，扩大农产品、农机具等进出口贸易规模，不断深化与上合组织国家的农产品贸易。

上合组织农业基地以人员培训为切入点，拓展农业科研合作，为农业产业合作及贸易发展奠定坚实基础。

（二）融合人文交流与服务贸易的全新合作模式

教育培训属于人文交流范畴。上合组织农业基地将依托上合组织现代农业发展圆桌会议、国际农业科技论坛、农高会国际合作周、上合组织青年科技论坛、涉农高校联盟年会、国际农业合作展、上合组织国家农业博览会、丝绸之路教育合作交流会、丝绸之路国际产学研用合作会议、孔子学院（课堂）、高校联盟等平台推动上合组织国家人文交流。

与此同时，也应指出，教育培训属于服务贸易范畴。不同于通常意义上的人文交流，作为服务贸易的教育培训可采用市场化运作手段将单向培训输出转化为内外双向互动的培训服务,并为培训提供可持续发展的资金支持。上合组织农业基地提出开展国际农业培训服务贸易尝试。与欧亚国际物资交易中心合作,以绿色农业发展、农产品电子商务为重点,采用标准化培训课程,开展规模化涉外培训,打造具有杨凌特色的农业涉外培训教育品牌。争取设立农业国际合作服务贸易中心(上合组织方向),探索开展农业国际合作服务贸易,培育创建现代农业服务出口基地。这些合作形式使上合组织农业基地创新了涉外培训服务贸易的理念,实现了人文交流与经贸合作的有机融合,无论对于上合组织人文交流,还是"一带一路"人文合作均具有较强的示范效应。

(三)打造"实体基地+境外园区"的地方合作新模式

上合组织农业基地立足于练好内功,优先建设好国内农业示范基地,并以境内基地为依托建设境外农业合作园区,进而形成内外支撑、区域互动的新格局。上合组织农业基地计划建设上合组织农业基地品牌体系,包括三五家上合组织农业基地特色农产品优选基地,制定二三项特色农产品标准,提升基地品牌价值。依托国家进口贸易促进创新示范区,建设上合组织国家进口商品展示展销中心。

与此同时,上合组织农业基地结合对外投资总体布局,加大对中亚地区现代农业的投资合作力度,持续推动中国—乌兹别克斯坦、中国—哈萨克斯坦现代农业产业示范园建设,开展高油酸花生、葡萄、向日葵等品种规模化生产试验示范,探索"订单农业"跨境合作模式,逐步在上合组织国家布局建设一批稳定的境外产业合作园区。

"实体基地+境外园区"模式克服了我国境外园区建设过程中现存的弊端,如缺少经验、人才支持和物力保障等,为构建农业跨境产业链奠定了坚实基础,为深化上合组织国家的农业全产业链合作开辟了新空间。

三、实力强大的示范团队

实践表明,国际合作取得成功的重要条件是拥有一个具备国际视野、国际合作经验的专业团队,上合组织农业基地做出了良好示范。

（一）国际合作经验丰富

1. 拥有丰富的援外培训经验。自2005年以来，杨凌正式承办国家援外培训项目。2011年被中国商务部批准为中国旱作农业技术援外培训基地（以下简称"杨凌援外培训基地"）。迄今，杨凌援外培训基地累计开展援外培训125期，为来自110多个国家的3046名农业官员和技术人才提供培训。近年来，围绕建设"一带一路"现代农业国际合作中心，先后组织开展了援外培训项目30期，培训了来自哈萨克斯坦、乌兹比克斯坦、加纳、埃及等40多个国家总计600多名学员，培训的国别位于亚洲、非洲、南美洲和大洋洲等地区。在多年的援外培训实践中，基地建立了系统的援外培训管理制度，与商务部、驻外经商参处形成了密切合作关系，配备了专职管理人员，设置了丰富的课程内容，建立了10多个人文景观考察基地和10个企业实训基地，保证了援外培训的效果，深受学员欢迎。

2. 拥有成熟的上合组织国际合作经验。自挂牌以来，上合组织农业基地先后承办了6期上合组织援外培训项目，培训人数超过100人。新冠肺炎疫情背景下，杨凌援外培训基地积极对接上合组织秘书处、上合组织有关国家农业部，针对上合组织各国农业产业发展现状，开发制作不同产业类型的线上视频培训课程，开展农业技术远程培训教育，拓展培训覆盖面，提升培训知名度。此外，杨凌援外培训基地还设立了现代农业国际合作多语种翻译中心、上海合作组织农业技术交流实训基地等机构，举办了上合组织现代农业发展圆桌会议、上合组织国家优质农产品展示交易中心展览、2020上合组织国家合作创建农业产业化集群研讨会等国际合作交流活动，大大提升了上合组织农业基地在上合组织国家的影响力。

（二）专家团队能力突出

专家团队的水平直接决定了人才培训的效果。为此，上合组织农业基地依托西北农林科技大学、杨凌职业技术学院两所大学，15个部省级重点实验室，18个国家、部省级研究中心和工程技术中心等丰富的科教资源和人才优势，完成援外培训的教学任务，在旱作农业、节水灌溉、水土保持及环境综合治理、良种培育、农业经济与管理、农业技术推广等方面，形成了高水平的援外技术培训师资队伍。

为了保证培训质量，上合组织农业基地正式成立了由11人组成的杨凌示范区面向发展中国家干旱半干旱地区农业技术援外培训项目专家组，负责援外培训项目策划、教师团队建设、教材设计编写与授课、专业实验、参观选址及组织实施。各项目的主讲老师以杨凌现有国内外知名专家、教授为主，并在全国范围内选聘具备高级职称、研究成果丰硕，且有两年以上留学经历并能够用英语自如讲课的专家。专家团队教学经验丰富，态度认真、有责任心。翻译师资队伍由有实践经验的专职翻译人员构成，他们知识面广、年富力强、精力充沛、德高望重、有奉献精神。为了强化上合组织现代农业研究院智库专家队伍，基地还计划增加4—6名国内和二三名其他上合组织成员国农业领域专家学者参与智库活动。

（三）构建广泛的地方合作网络

为了进一步提升地方经贸合作水平，上合组织农业基地将发挥自身优势，积极与上合组织框架下其他地方合作平台合作，实现资源共享。加强与中国—上海合作组织地方经贸合作示范区（青岛）、中国—上海合作组织国际司法交流合作培训基地（上海）、上合组织（连云港）国际物流园等机制与平台的联系，推动建立中国—上合组织合作平台联盟，实现优势互补，推动要素合理配置，形成合力。未来有望与其他成员国的地方合作园区及机制形成互动，共同搭建更加广泛、多样的地方合作网络，为深化上合组织区域经济合作作出"杨凌贡献"。

Почин регионального сотрудничества ШОС

Лю Хуацин

Аннотация: После расширения ШОС местное сотрудничество стало новой точкой роста для трансформации и модернизации регионального экономического сотрудничества и достижения качественного и устойчивого развития. В качестве образца местного сотрудничества в рамках ШОС сельскохозяйственная база ШОС демонстрирует ведущую показательную роль, которая выражается в следующих трех аспектах. Во–первых, сельскохозяйственная база ШОС является успешным показательным проектом и первым проектом многостороннего сотрудничества, согласованный государствами– членами ШОС и реализованным местными органами власти. Во–вторых, в Базе была создана новая модель показательного сотрудничества, характеризующаяся целой системой объединения обучения, исследований и торговли в секторе сельского хозяйства. Сотрудничество включает гуманитарный обмен, торговлю услугами, связь с зарубежными парками. В–третьих, сельскохозяйственная база ШОС имеет сильную команду с богатым опытом обучения иностранного персонала и зрелым опытом международного сотрудничества ШОС. Она вместе с другими платформами (Циндао, Шанхай, Ляньюньган и т. д.) создала более совершенную сеть для расширенного сотрудничества с местными организациями других стран, внеся «Янлинский вклад» в углубление регионального экономического сотрудничества ШОС.

Ключевые слова: демонстрационная база ШОС по обмену и обучению аграрным технологиям; показательный эффект; инновационная модель; региональное сотрудничество; Янлин

Об авторе: Лю Хуацинь, директор Института Европы Академии внешней торговли и экономического сотрудничества при Министерстве коммерции КНР, Старший научный сотрудничк.

An Innovation to the SCO Regional Cooperation

—Demonstration and Leading Effect of SCO Agricultural Base on SCO Economic Cooperation

Liu Huaqin

Abstract: After the membership expansion of the SCO, local cooperation has become a new growth point for the transformation and upgrading of regional economic cooperation and the realization of high quality and sustainable development. As the benchmark of local cooperation within the framework of the SCO, the SCO Agricultural Base is playing a strong leading and demonstration role roughly in three aspects. First, the SCO Agricultural Base is a successful demonstration project. It is the first multilateral cooperation project agreed upon by the member states after the expansion of the SCO membership, and is also the first regional economic cooperation project led by local authorities. Second, the SCO Agricultural Base has built a new model of demonstration cooperation. It has established a whole industrial chain cooperation model integrating agricultural training, agricultural research and agricultural economic and trade cooperation, and a brand-new cooperation model integrating cultural and people-to-people exchange and service trade, and create a new model of local cooperation featuring "physical base plus overseas parks". Thirdly, the SCO Agricultural Base has strong demonstration team with rich foreign aid training experience and mature SCO international cooperation experience. It joins hands with other local cooperation platforms in cities such as Qingdao, Shanghai and Lianyungang to expand cooperation with local institutions in other countries and build an increasingly complete local cooperation network, making "Yang Ling Contribution" to deepening the regional economic cooperation of the SCO.

Keywords: SCO Agricultural Base; demonstrative effect; innovation model; local cooperation; Yangling

Author: Liu Huaqin, Director and Research Fellow of the Institute of Eurasian Studies, Chinese Academy of International Trade and Economic Cooperation, Ministry of Commerce.

立足现代农业转型的上合组织务实合作重大创新

——杨凌模式对上合组织多边合作的推动作用

许 涛

【内容提要】上合组织是我国应对20世纪90年代末冷战后地区及全球地缘政治形势出现巨大变化的重要战略举措,是新中国外交在21世纪的一次重大创新。中国始终积极参与上合组织的建立和发展,为这一新型的综合性地区国际组织的巩固、完善和提高提供了持续的有力支持。上合组织在经济领域的务实合作是本组织发展的重要动力与凝聚力之所在,同时又是长期以来集中了利益分歧和政策差异的难点方向。2019年6月,习近平主席在比什凯克上合组织成员国元首理事会第十九次会议上正式提出了在陕西杨凌设立上海合作组织农业技术交流培训示范基地的倡议。近三年过去,上合组织农业基地不仅已经成为上合组织各成员国发展新型农业的重要交流平台,而且作为新形势下的务实合作创新模式正推动着本组织不同领域中的务实合作实现突破。

【关键词】上合组织;务实合作;现代农业;杨凌模式;农业基地

【作者简介】许涛,国务院发展研究中心欧亚社会发展研究所副所长,研究员。

上合组织是我国第一次参与发起和积极推动的地区性综合国际组织,是新中国外交在冷战结束时拓展国际空间和有利周边环境的一次重大创举。与历史上所有的新生事物一样,上合组织的发展历程也是一个不断遇到新问题和解决新问题的创新过程。在各成员国始终不渝坚持《上海合作组织成立宣言》明确提出的"互信、互利、平等、协商、尊重多样文明、谋求共同发展"的"上海精神"前提下，上合组织成立20年来在政治、安全、经济、人文等领域的合作成果卓著。同时，由于上合组织成员国所覆盖的欧亚地区是世界上经济和人文要素最多元的区域之一，各成员国在本组织框架内开展合作的利益需求存在极大差异，因而在务实合作的推动过程中难免会遇到来自内部和外部的种种分歧和阻力。2019年6月，在吉尔吉斯斯坦比什凯克举行的上合组织成员国元首理事会第十九次会议上，中国国家主席习近平正式提出了在陕西杨凌设立上海合作组织农业技术交流培训示范基地（以下简称"上合组织农业基地"）的倡议。[①] 倡议提出三年来，上合组织农业基地依托我国现代农业的强大资源，紧紧扣住各成员国粮食安全保障和农业转型需求，积极开展和促进农业科技交流与合作，打造成上合组织在新形势下务实合作的卓越平台。这个平台的高效运作不仅与各成员国确保粮食安全和发展现代农业的共同需要高度契合，而且上合组织农业基地还以其创新的务实合作模式为上合组织独树一帜，在世界百年变局中单边主义、孤立主义、集团对抗等逆全球化思潮甚嚣尘上的时代为"上海进程"注入新动力。

一、告别冷战模式的时代创新

发生在30多年前的苏联解体不仅成为冷战时代结束的标志，而且也大大改变了中国的外部安全和地缘政治环境。在20世纪六七十年代，由于中苏间始于意识形态分歧扩大至政治决裂乃至军事对抗，从中国东北、华北到西北的漫长边界线面临着来自苏方的严重军事安全压力。尤其在1969年2月中苏边境东段发生了"珍宝岛事件"和在同年8月中苏边境西段发生了"铁列克提事件"后，苏联当局于数月内在原有的12个机械化师基础上又增加了55个陆军师，24个空军、防空军师，并调集13万海军部队针对中

---

① 《习近平主席在上海合作组织成员国元首理事会第十九次会议上的讲话（全文）》，中华人民共和国外交部网站，2019年6月14日，https://www.mfa.gov.cn/web/gjhdq_676201/gjhdqzz_681964/lhg_683094/zyjh_683104/201906/t20190614_9388562.shtml，访问日期：2022年6月10日。

国方向。加上在蒙古国的苏联驻军和听命于苏联当局的蒙古国军队，说中国北方边境面对着百万大军压境是毫不夸张的。[①]

尽管从20世纪80年代开始中苏对抗开始缓和，从1982年3月的勃列日涅夫塔什干讲话，到1986年7月的戈尔巴乔夫海参崴讲话，时任苏联领导人释放出的信号得到了中方领导人的及时回应。在全球战略力量对比将要出现重大变化的前夕，中苏两国决策层作出了缓和双边关系和结束对抗的重要选择。1989年5月的中苏《北京公报》和1991年的中苏《莫斯科公报》，不仅为中苏关系正常化奠定了重要的政治基础，也为两国以"结束过去、开辟未来"的精神从争议地区谈判转入解决边境安全问题实际操作阶段提供了具体的政策支持。[②] 正当中苏两国外交部门初步达成解决边境问题的指导性原则并签署了《中苏国界东段协定》的半年后，俄罗斯、白俄罗斯、乌克兰三个苏联主体的领导人于1991年12月8日在明斯克附近的别洛韦日森林签署了解体苏联和建立独立主权国家联合体的协议。到这一年的年底，苏联正式宣布解体。这一突如其来的巨变给中国政府正在积极推动的周边军事安全进程带来了重大冲击和严峻考验：在刚刚出现向好趋势的时刻，已初步形成共同意向的协商合作主体发生颠覆性变化，这一努力是否继续下去，又该怎样继续下去？

苏联解体后，中国外交部在第一时间向相关原苏联国家发出明确信息：中国政府愿意继续履行与原苏联政府签署的各项条约、协定和有关文件所规定的义务，并希望各有关原苏联加盟共和国在独立后仍能履行此前与中国政府签署的各项条约与协定。1992年9月，原苏联与中国领土接壤的俄罗斯、哈萨克斯坦、吉尔吉斯斯坦、塔吉克斯坦四个国家政府的代表在白俄罗斯首都明斯克举行会议，决定继续与中国进行边境谈判，并因各自面临的安全困境而一致希望，首先讨论削减军事力量和实现边境地区军事互信的问题。1993年2月，中、俄、哈、吉、塔以"五国两方"特殊模式重启谈判。1995年11月，五国代表在1990年4月中苏《关于在边境地区相互裁减军事力量和加强信任的指导原则协定》基础上草签了《中、俄、哈、

---

① 许涛：《中亚地缘政治沿革：历史、现状与未来》，时事出版社，2016。
② 周晓沛：《中苏中俄关系亲历记》，世界知识出版社，2010，第45页。

吉、塔五国关于在边境地区加强军事领域信任的协定》。1996年4月五国元首举行首次会晤，于上海正式签署了《中、俄、哈、吉、塔五国关于在边境地区加强军事领域信任协定》；1997年4月五国元首在莫斯科签署了《中、俄、哈、吉、塔五国关于在边境地区裁减军事力量的协定》。这两个文件不仅彻底改变了中国北方的安全环境，同时还以一种对冷战历史的批判态度开启了新型的国家关系模式：在政治互信和共同安全的基础上建立起国家元首协商平台——"上海五国"。[①]

2001年初，以观察员身份参加"上海五国"论坛的乌兹别克斯坦正式提出加入成员国行列的要求，其他成员国也在考虑"上海五国"模式已难以满足提升和扩大合作需求的问题。经"上海五国"2001年1月的国家协调员会议和同年4月的外长会议的酝酿和筹备，上海合作组织于当年6月正式成立。这是冷战结束后欧亚地缘政治空间上发生的一个重大事件，它以创新的合作理念和组织模式给欧亚地区的和平与发展带来了一股清新之风。至今，上合组织已经建立了20多年，其成员国已经从6个发展到8个，区域也从中国、俄罗斯、中亚扩展到南亚。虽然当今的世界、地区及组织自身都在发生变化，但上合组织在互信、互利、平等、协商原则基础上为各成员国人民谋福祉而继续扩大合作领域与创新合作模式的初心不变。

二、发展转轨期的务实合作探索

任何一种新生事物都是在不断实现自我完善的过程中发展起来的，其间遇到的问题和困难自然在所难免。上合组织以其新型综合性地区国际组织的特质，将通过合作解决各成员国共同面临的安全问题和发展问题设定为基本目标，在不断巩固的政治互信基础上组成超越国家制度、意识形态、文化传统的安全共同体和发展共同体。这一特质成为其区别于旧式国际组织的重大优势，使上合组织在各领域的合作发展进程中凝聚力、影响力、吸引力持续更新、不断增强。同时，上合组织也通过自身制度的不断完善

[①] 中国现代国际关系研究所民族与宗教研究中心：《上海合作组织——新安全观与新机制》，时事出版社，2002，第139页。

和协作模式的不断调整，逐步解决着公平与效率的矛盾问题。

2013年9月，习近平主席在哈萨克斯坦纳扎尔巴耶夫大学演讲时提出构建丝绸之路经济带的重大国际倡议后，上合组织成员国纷纷作出积极回应。2019年3月，陕西省委、省政府为贯彻落实习近平主席主持召开的"推进'一带一路'建设工作5周年座谈会"精神，专门制定了《陕西省"一带一路"建设2019年行动计划》。其中，重点提出"积极研究推动在杨凌示范区设立上海合作组织农业技术交流培训示范基地有关工作"。① 这一计划不仅引起了中央领导和各有关部委的重视，也吸引了时任上合组织秘书长诺罗夫先生的极大兴趣。作为来自上合组织农业大国乌兹别克斯坦的官员，诺罗夫在当年5月赴西安参加"第四届丝绸之路国际博览会"时即向陕西省委书记胡和平表示："希望加强陕西省同上海合作组织国家在农业合作示范区建设方面的合作，为上海合作组织成员国培训技术人员。"② 诺罗夫秘书长还委派秘书处官员到杨凌实地考察，将这一对中国地方农业项目的观察与协作纳入了上合组织的日常工作之中。

2019年6月，习近平主席在吉尔吉斯斯坦首都比什凯克参加上合组织成员国元首理事会第十九次会议，他在会上发表的题为《凝心聚力 务实笃行 共创上海合作组织美好明天》的主旨演讲中，正式提出"中方愿在陕西省设立上海合作组织农业技术交流培训示范基地，加强同地区国家现代农业领域合作"。③ 众所周知，上合组织成员国多为农业大国。众多的农业人口、陈旧的经营方式、相对落后的农业科技水平、亟待实现转型的农业发展模式，促使上合组织各成员国将农业领域中的合作视为多边务实合作的重点之一。早在2004年9月，上合组织成员国第三次总理会议即将农

---

① 《陕西省"一带一路"建设2019年行动计划》，中国一带一路网，2019年3月13日，https://www.yidaiyilu.gov.cn/zchj/dfzc/82513.htm，访问日期：2022年6月10日。

② 《杨凌示范区加快建设上海合作组织农业技术交流培训示范基地》，陕西日报，2019年6月17日，http://esb.sxdaily.com.cn/pc/content/201906/17/content_470414.html，访问日期：2022年6月10日。

③ 《习近平主席在上海合作组织成员国元首理事会第十九次会议上的讲话（全文）》，中华人民共和国外交部网站，2019年6月14日，https://www.mfa.gov.cn/web/gjhdq_676201/gjhdqzz_681964/lhg_683094/zyjh_683104/201906/t20190614_9388562.shtml，访问日期：2022年6月10日。

业合作列入各国领导人讨论的重要议题。① 2010年后,《上海合作组织农业部长会议纪要》《上海合作组织政府间农业合作协定》《上海合作组织粮食安全合作纲要》等一系列专门文件签署,② 使农业领域的合作逐渐成为各成员国共同关注的发展方向。

而作为推动上合组织农业科技交流与合作平台的杨凌基地,能由一个中国地方农业科技示范平台纳入国家主席正式的国际倡议之中也绝非偶然。1997年,经国务院批准成立了"杨凌农业高新技术产业示范区"。杨凌示范区成立25年来,主要围绕国家粮食安全、生态安全和旱区农业发展等重大战略需求,研制推出了一系列新技术、新成果,探索形成了一系列新经验、新模式,以农业科技成果转化为重点,建立了大学试验站、产业链、农科培训等"六种推广模式",累计推广新品种新技术2700项,并在全国18个省(直辖市、自治区)建成农业科技示范推广基地318个,年示范推广面积1亿亩,推广效益达到235亿元,使数以亿计的中国农民受益。③

杨凌还是我国农业高新技术成果博览会的常设举办地,至今已成功举办28届,成为蜚声海外的国际农业科技盛会。由杨凌示范区承担起上合组织成员国农业合作与交流培训任务,它具有得天独厚的优势支撑:一是集农业科研、教学、孵化、推广综合优势。杨凌基地以西北农林科技大学为依托,秉持产、学、研、用兼顾的协同创新理念,独创创业能力培育、创业孵化、创业资源共享、创业投融资"四位一体"的工作体系,拥有国家级孵化器1个、国家级众创空间3个、重点实验室等资源共享平台17个。二是具备灵活高效的特殊行政管理模式。杨凌示范区从建立之日起,即尝试实行一种"省部共建"的创新管理体制。这种体制是由国家农业农村部、科技部、发改委等22个部委,以及陕西省人民政府下属37个厅局共同组成。作为示范区的上级指导机构,设有由科技部和陕西省政府任组长单位

---

① 《上海合作组织成员国政府首脑(总理)理事会联合公报》,中华人民共和国外交部网站,2004年9月23日,https://www.fmprc.gov.cn/web/gjhdq_676201/gjhdqzz_681964/lhg_683094/zywj_683106/t162179.shtml,访问日期:2022年6月10日。
② 肖斌:《粮食安全合作:上海合作组织成员国农业合作的重要动力》,载《上海合作组织发展报告(2019)》,社会科学文献出版社,2019,第201页。
③ 《杨凌概况》,杨凌农业高新技术产业示范区管委会官网,2020年3月2日,https://www.yangling.gov.cn/zgyl/ylgk/1.html,访问日期:2022年6月10日。

的领导小组。①领导小组会议不定期举行，按惯例每次有一位国务院副总理或国务委员参加。三是已建成国际合作与交流成熟平台。杨凌基地从2005年开始承办国家援外农业培训项目，到目前为止，累计已承办了100多期援外培训项目，为100多个发展中国家培训了3000余名官员和技术人员。现在杨凌基地已与79个国家和138个国际农产品协会实现专业对接，为来自60多个国家的536位农业科技人员和农业官员提供了培训服务。

近年，杨凌示范区围绕"一带一路"重大国际倡议，重点针对上合组织成员国加强交流与合作。2014年7月，举办了首届"上海合作组织现代农业经济管理研修班"，来自俄罗斯、哈萨克斯坦、乌兹别克斯坦、吉尔吉斯斯坦等上合组织成员国的农业官员参加了研修。到2018年为止，针对上合组织成员国的农技研修班已开办20期，专业涉及现代农业、农经管理、禽畜养殖、节水灌溉等多领域，有约400名农业官员和技术人员参加。②2020年新冠肺炎疫情暴发后，杨凌基地利用信息技术坚持开展线上教学和培训，使农业合作成为上合组织疫情期间"逆向增长"的领域之一。

2020年10月21日，在上合组织成员国第五次农业部长会议上，通过了上合农业基地建设框架构想，并签订会议纪要，上合组织农业基地建设由单边倡议正式转化为集体行动。2020年10月22日，上海合作组织农业技术交流培训示范基地在杨凌正式揭牌。③成为集中各成员国发展诉求的一个务实合作平台，以其特有的创新模式在至关重要的农业领域中扮演着重要角色。

三、"上合进程"的多边主义动力

目前，世界正经历百年未有之大变局，欧亚地区及上合组织成员均面

---

① 《陕西省人民政府办公厅关于贯彻落实杨凌示范区建设领导小组第八次会议精神的意见》，陕西省人民政府网，2017年7月3日，http://www.shaanxi.gov.cn/zfxxgk/zfgb/2017_3991/d12q_4003/201707/t20170703_1638872_wap.html，访问日期：2022年6月10日。
② 《丝绸之路农业教育科技创新联盟在西北农林科技大学成立》，人民网，2016年11月7日，http://sn.people.com.cn/n2/2016/1107/c226647-29268142.html，访问日期：2022年6月10日。
③ 《基地概况》，上海合作组织农业技术交流培训示范基地网站，2020年10月18日，http://www.scora.org.cn/c/2021/0218/2.shtml，访问日期：2022年6月10日。

临着全球地缘政治格局和产业链、供应链重组的空前冲击与挑战。2020年发生的纳卡战争、2022年初骤起的哈萨克斯坦"一月事件"、2月爆发至今仍在继续的乌克兰危机,这一系列重大突发事件预示着欧亚地区正在成为百年变局的焦点之一。苏联解体30多年来,各独立民族国家的政权体制和经济体系基本构建起来。但同一时期积累下来的社会矛盾与制度建设的不完善形成叠加效应,发展模式转型期的到来与地区及世界政治、经济剧烈变革相遇,欧亚地区作为世界两大地缘板块结合部的处境难免出现能量集中释放。而上合组织正式成员国的半数以上来自这一地区,这一现实条件的变化意味着组织功能和任务将再一次调整。

(一)体现和兼顾多边主义利益关切

上合组织内包括了世界上农业人口比例较高的中国、印度、巴基斯坦,在气候变化、战乱频仍、粮食恐慌的现实条件下,亟待转型和渡过危机的农业经济成为上合组织多数成员国的重大利益关切。着力推动这一领域中的多边合作,不仅符合上合组织的集体发展利益,而且也是对当今世界单边主义、孤立主义和集团对抗等喧嚣一时的逆全球化思潮的现实主义批判。针对上合组织多数成员国在耕地面积、农产品产量、农产品种类、农产品出口量等指标上反映出的不发达农业国水准,[①] 进行农业经济发展模式转型升级和农业技术工艺更新换代显然是一种共同需求。充分满足多数成员国发展和稳定的特殊需要,并通过交流与合作形成农业科技和农业贸易上的互补,既体现了上合组织对各国成员国发展利益的关切,也体现了中国坚持多边主义的一贯立场和主张。

(二)创新"上海精神"的时代内涵

在2021年9月上合组织成立20年纪念峰会上,习近平主席在题为《不忘初心 砥砺前行 开启上海合作组织发展新征程》的讲话中为"上海精神"赋予了新的内涵:"上海合作组织各国都处在发展关键阶段,应该发挥山水相邻、利益交融的独特优势,坚持开放合作导向,相互成就发展振兴

---

① 徐恒杰:《重视国际农业贸易中的发展诉求》,《农民日报》2014年9月3日,第3版。

的美好愿景。我们要持续推进贸易和投资自由化便利化，保障人员、货物、资金、数据安全有序流动，打造数字经济、绿色能源、现代农业合作增长点。"[①] 从农业合作入手打造和推广"杨凌模式"，恰恰是在"上海精神"的引领下克服制度阻力和规避市场风险的优选思路，是打造新时期"共促政治互信""共护安全稳定""共谋繁荣发展""共担国际道义"上合组织命运共同体的具体行动。

（三）激活成员国行业与地方合作潜力

上合组织成立20多年来，已经形成了良好的政治互信基础和安全合作机制。在经济发展领域中的合作因成员国之间存在利益上的差异而一直滞后于政治、安全合作，尤其是在建立统一的自由贸易区、统一的能源俱乐部、统一的金融平台等"宏大叙事"上。对本国经济发展理念的不同认知、参与全球经济活动的不同诉求、现有经济体量抵御内外风险的不同水平等差异性要素，都决定了各成员国对这些"宏大叙事"的态度游离。克服好大喜功的浮躁，着眼于多数成员国务实发展领域的共同关切，立足于一个具体行业对本国及合作伙伴的经济发展贡献，是"杨凌模式"成功的核心经验。目前，在上合组织旗下已建成了国际司法交流合作培训基地（上海）、地方经贸合作示范区和技术转移中心（山东青岛）、国际医学开放试验区（广西防城港）等不同行业和地方的合作交流机构，不仅搭建起成员国各领域务实合作的新平台，也以其灵活性、高效性带动了各地方经济的发展。

结　语

上合组织走过的20多年，是各成员国秉持"上海精神"不懈团结、不断创新的历程。在世界进入百年变局后，以中美贸易战、新冠肺炎疫情大

[①] 《习近平在上海合作组织成员国元首理事会第二十一次会议上的讲话（全文）》，中华人民共和国外交部网站，2021年9月17日，https://www.mfa.gov.cn/web/gjhdq_676201/gjhdqzz_681964/lhg_683094/zyjh_683104/202109/t20210917_10406060.shtml，访问日期：2022年6月10日。

流行、哈萨克斯坦"一月事件"、乌克兰危机爆发等重大事件为标志，全球及地区形势一系列变化带来的挑战将继续考验上合组织的团结水平和创新能力。上合组织的生命力和凝聚力来自于通过平等互信的协商合作解决成员国共同关注的问题，尤其是关系到稳定发展、国计民生的现实利益关切。2022年5月19日，上合组织成员国旅游部门领导人会议在塔什干举行。会议深入讨论了"后疫情时代"恢复上合组织地区旅游业、扩大旅游行业合作和发展旅游基础设施等问题，草签了《上海合作组织成员国政府间旅游合作发展协定》，以提交即将举行的上合组织撒马尔罕峰会签署。[①] 杨凌模式的成功正将上合组织的务实创新精神向更广泛的领域发散、渗透，并为这一年轻的国际组织提供源源不断的发展动力。

---

① 《上海合作组织成员国旅游部门领导人会议新闻声明》，上海合作组织秘书处网站，2022年5月19日，http://chn.sectsco.org/news/20220519/838471.html，访问日期：2022年6月10日。

Прагматичное сотрудничество, базирующееся на трансформации современного сельского хозяйства, важная инновация

—Стимулирующая роль модели Янлин для многостороннего сотрудничества ШОС

Сюй Тао

Аннотация: Создание ШОС является важным стратегическим шагом для нашей страны, сделанным для того, чтобы справиться с большими изменениями в региональной и глобальной геополитической ситуации после холодной войны в конце 1990–х годов. Это была важная инновация китайской дипломатии в 21 веке. Китай всегда принимал активное участие в создании и развитии ШОС и оказывал ей постоянную и решительную поддержку для укрепления, консолидации и совершенствования данной всеобъемлющей региональной международной организации нового типа. Прагматичное сотрудничество ШОС в экономической сфере является важной движущей силой и скрепой для развития ШОС, тогда как сотрудничество в области сельского хозяйства было сложным направлением, где долгое время наблюдались политические разногласия и конфликт интересов. В июне 2019 года на 19–м заседании Совета глав государств–членов ШОС в Бишкеке председатель КНР Си Цзиньпин официально внес предложение о создании демонстрационной базы ШОС по обмену и обучению аграрным технологиям в Янлине провинции Шэньси. За последние три года сельскохозяйственная база ШОС не только стала важной площадкой обмена между государствами–членами ШОС для развития сельского хозяйства нового типа, но и в качестве инновационной модели прагматичного сотрудничества в новых условиях способствует прорывам в различных областях сотрудничества ШОС.

Ключевые слова: ШОС; прагматичное сотрудничество; современное сельское хозяйство; Янлинская модель; агрономическая база

Об авторе: Сюй Тао, замдиректора Института социального развития Европы и Азии при Исследовательском центре развития Госсовета КНР, Старший научный сотрудник.

Modern Agricultural Transformation Constituting Major Innovation to SCO Practical Cooperation

—The Leading Role of the Yang Ling Model to the SCO Multilateral Cooperation

Xu Tao

Abstract: The establishment of the Shanghai Cooperation Organization is an important strategic move for China to deal with the great changes in regional and global geopolitical situation in the late 1990s, and is also a major innovation in Chinese diplomacy in the 21st century. China has always been active in participating in the establishment and development of the SCO, providing continuous and strong support for the consolidation and improvement of the new type of comprehensive regional organization. The practical cooperation of the SCO in the economic field is an important impetus and a cohesive force for the organization's development, but it is also the field where divergent interests and varied policies have converged for a long time. In June 2019, Chinese President Xi Jinping formally put forward the proposal of establishing an SCO Demonstration Base for Agricultural Technology Exchange and Training in Yangling, Shaanxi Province, at the 19th meeting of the Council of Heads of State of the Member States in Bishkek, Kyrgyzstan. In the past three years, the SCO Agricultural Base has not only become an important exchange platform for the member countries of the SCO to develop a new type of agriculture, but also promoted the breakthrough of practical cooperation in different fields of the organization as a practical cooperative innovation model under the new situation.

Keywords: SCO; practical cooperation; modern agriculture; Yangling

Model; agricultural base

Author: Xu Tao, Deputy Director and Research Fellow of the Eurasian Social Development Institute of the Development Research Center of the State Council of China.

全球农业合作的有益探索

——上合组织农业基地对解决全球农业问题、保障粮食安全的意义和作用

张 宁

【内容提要】上海合作组织农业技术交流培训示范基地自成立之日起，便在解决全球农业问题、保障粮食安全方面探索具有地区特色、符合地区国情实际的合作模式。该基地秉持"人类命运共同体"合作理念，积极开发新合作机制，创新农业技术，注重能力建设，以实实在在的合作成果，为解决上合组织各成员国关注的农业问题和粮食安全作出了自己的贡献。

【关键词】杨凌示范区；上海合作组织农业技术交流培训示范基地；粮食安全；命运共同体；农业科技创新

【作者简介】张宁，中国社科院俄罗斯东欧中亚研究所中亚研究室主任、研究员。

民以食为天是古今中外亘古不变的真理，也是各国安身立命的头等大事。鉴于全世界77.4亿总人口中，农村人口占44%（上合组织成员国中，只有俄罗斯、中国和哈萨克斯坦低于世界平均水平，其他成员国的农村人口均高于世界平均值），并且大多直接或间接地以务农为生，因此发展农业，保障粮食安全，进而促进改善三农问题，仍是各国和国际组织的重任。

上海合作组织作为世界上覆盖人口最多和面积最大的区域性国际组织，向来重视农业合作。该组织的成员国基本都位于世界粮食主产区，除俄罗斯外，其他国家都是农业人口占多数，农产品价格波动对居民生活水平影响较大。各成员国的农业投资规模总体都不大，均面临保障粮食安全、加

快农业现代化的重任。可以说,上合组织成员国的农业合作需求强烈,对发展农业技术交流、培训、示范寄予厚望。

中国作为上合组织的创始国,始终发挥"负责任的大国"作用,积极推动农业合作,倡议并建立了上海合作组织农业技术交流培训示范基地(以下简称"上合组织农业基地")。实践证明,该基地围绕构建"农业命运共同体",聚焦成员国关注的农业热点问题,努力凝聚和整合各成员国的农业科技资源与力量,不断研发和创新符合地区实际的农业技术,注重人的发展和能力建设,并积极分享合作成果,取得了很多成就,为保障粮食安全和解决全球农业问题作出了良好示范。

一、全球农业问题和粮食安全

尽管伴随科技发展和全球化市场完善,农业产量和农产品贸易规模不断扩大,人类粮食供应从总量看可以满足当前需求,但受人口增长、气候和资源环境变化、自然灾害、以及国际贸易体制、各国治理体系和金融政策所限,全球农业问题依然突出,粮食供应依然处于紧平衡状态,甚至在局部地区仍有粮食危机,全球约有十分之一的饥饿人口(2020年约7.2亿～8.11亿人)面临食物不足的困境。据联合国粮农组织《2019—2028年农业展望》报告,[①]当前全球较紧迫的农业生产和粮食问题主要体现在以下四个方面:

一是从需求侧看,居民膳食结构调整促使农业生产结构改变。全球人口预计2050年突破90亿,届时全球粮食总产量需要在2011年的基础上至少增加70%才能满足需求。随着生活水平总体提高,居民膳食营养需求也继续向"吃得好"方向转变,预计发展中国家的人均每日能量消耗将从19世纪60年代的2280千卡增长到2800千卡,人均肉类年消费量将达到欧美的80公斤(欧洲)～115公斤(美国)水平。也就是说,主食消费品种和消费量变化不大,但对肉禽蛋奶等高蛋白食物以及糖、油等副食品的需求

---

① OECD, "OECD-FAO Agricultural Outlook 2019-2028," accessed July 08, 2019, https://www.oecd-ilibrary.org/agriculture-and-food/oecd-fao-agricultural-outlook-2019-2028_agr_outlook-2019-enl.

增长会保持强劲，对饲料谷物和畜产品的增长需求超过粮食作物增长。与此同时，穷人营养不良和缺乏微量营养素同富人热量摄入过多现象并存可能进一步加剧，在保障粮食安全的同时，也需提倡健康生活方式。

二是从供给侧看，农业科技和生产组织方式革新至关重要。在粮食和农产品总需求量增长的大背景下，预计小麦、稻米、土豆等主粮供应一般可通过农业科技增加单产途径保障，无须大幅增加耕种面积，但玉米、大豆等谷物饲料，糖、油原料等经济作物，以及肉、奶等畜产品的产量增加则既需提高单产，也需通过扩大生产面积实现。也就是说，未来农业增产将更加依赖良种、农田和养殖场管理、病虫害防治、土壤改良、水资源利用、农业金融、农资机械等科技和管理能力。

三是从人与自然关系看，农业对气候和自然环境的影响进一步加大。农业增产所需的天然或人工化肥（5～10毫克/公顷·年）以及农药等对大气、水资源和土壤的污染程度继续保持高位，预计废物排放量在2019—2028年每年增长0.5%。许多商业鱼类物种正面临经济学意义上的灭绝，为保障生物量和物种多样性，全球63%的海洋鱼类需要集约管理。生物燃料也成为重要能源来源之一，比如将植物油用于生产生物柴油、将秸秆和甘蔗用于生产乙醇等。也就是说，实现农业可持续发展依然任重道远。

四是国际贸易对粮食安全仍然很关键。小麦、玉米和大豆等谷物和豆类主产区、主要粮食消费区，以及国际大宗农产品期货市场三者间的力量消长增加了贸易格局的不确定性，农业对金融的依赖趋势，以及投机资金和世界主要粮商控制国际农产品贸易的局面短期内仍将持续，各地区内自我完善贸易制度格局的步伐加快。2022年的乌克兰危机将导致欧洲粮食主产区的粮食产量下降，主要粮食、植物油和糖的出口国收紧出口，进口国食品价格则将大幅上涨。联合国机构多次发出警告，提示可能发生的粮食危机。

总体上，自2008年国际金融危机至今，导致全球农业生产和粮食安全的不确定性和风险增多，其中最主要表现在资源、能源、气候、市场、政治经济环境、政策和制度等方面：一是耕地紧张。全球适宜耕作的土地面积大约有29亿公顷，其中约20%（即5.8亿公顷）被森林覆盖或因自然保护区而不能用于农业生产。受土壤退化、地力下降、荒漠化、土地征用等影响，耕地面积总体呈减少趋势。二是水资源短缺。伴随人口增长、经济水平提高、城市化进程不断加快，以及经济发展造成的水污染，全球水资源紧张状况不断加剧。三是能源价格上涨。农业机械需要成品油，化肥、农药、地膜等农资基本都来自石油和天然气。油气和电力价格上涨将抬高农业成本，拉高粮食价格或导致土地撂荒，造成粮食减产、供给下降。四是气候变暖与极端气候增多。一旦全球主要生产市场和主要出口市场遭遇极端天气，粮食减产，必然引发全球粮食市场供求关系和价格波动。五是政治经济环境不稳定。一些国家贸易保护主义抬头，实施禁止粮食出口政策，加剧全球粮食供应紧张和粮食价格波动。与此同时，粮食危机与生态环境危机、经济危机、资源短缺危机、政治危机等多重因素相互叠加，对国家和社会的影响呈现多元化，可能加重地区不确定性和不稳定性。

综上所述，尽管农业随着时代发展取得了长足进步，但在新时代和新国际环境下，依然是机遇与挑战并存，仍有诸多问题需要通过国际合作来处理解决。随着时代发展，国际农业合作已从早期单纯解决粮食供应不足为主，发展成为覆盖整个全产业链，以促进农业综合发展为依托，通过促进农业、农村、农民的发展，实现粮食增产、农民增收和农业发展，实现农业和粮食安全的长效性和可持续性，以最终推动经济社会全面发展。正如中国农业农村部"十四五规划"中所提到的，新时期的农业国际合作至少包括多双边的合作与援助机制建设、全球粮农治理、对外贸易与投资、科技研发与创新、数字农业、农业文化遗产保护等领域。对中国而言，就是要以构建"人类命运共同体"为根本指导思想，"继续积极参与全球粮农治理，通过多边农业合作，向世界分享在粮食安全、减贫、乡村发展、南南合作等方面成功经验，更好地帮助广大发展中国家提升重要农产品综合生产能力，更好助力实现联合国2030年可持续发展目标，推动构建人类命运共同体"。[1]

---

[1] 彭瑶：《保供固安全、振兴畅循环——加快培育农业国际合作和竞争新优势》，中国农网，2022年2月11日，http://www.farmer.com.cn/2022/02/21/99889024.html，访问日期：2022年6月10日。

二、探索解决全球农业与粮食安全的新模式和新路径

从上合组织已发布的合作文件以及领导人讲话中可知，该组织的农业合作目标大体可以分为三个逐渐递进的层次：一是促进农业自身发展，比如提高农业产量和质量，增强农业生产能力、粮食自给能力和出口能力，提高农业科技水平，改善农业基础设施等；二是与农业有关的农村和农民发展目标，比如农村建设和农民增收等；三是农业发展带动的外溢目标，如促进人员交流、增强政治互信、稳定宏观经济等。可以说，农业合作既是经济合作的目标，也是手段，可在提升农业合作水平的同时，带动区域整体进步。

为推动上合组织农业合作，中国倡议并积极支持农业技术示范基地的建设和运营，将自己开发的技术和积累的经验无私地与上合组织其他成员国分享，履行了自己的对外承诺，贡献了中国智慧与方案，体现了负责任大国担当。从建立该基地项目的初衷，以及上合组织成员国表态看，2020年10月揭幕运行的上海合作组织农业技术示范基地有足够的意愿、能力和条件在解决全球农业问题、保障粮食安全方面探索和实践具有地区特色、符合地区国情实际的合作模式与合作理念。

第一，围绕构建"人类命运共同体"，实践并丰富农业合作的新思想和新理念。一方面，农业合作既是人类命运共同体的有机组成部分，是展现和充实该思想的舞台；另一方面，人类命运共同体也是上合组织农业合作和农业技术示范基地发展的指导思想与原则。国际农业合作的关键和核心在于发展和提高可持续农业生产的能力，尤其是帮助发展中国家突破发展瓶颈，激发其自身的内生增长动力，提高农业全要素生产力，提高其自身的粮食自给率，这是应对全球粮食安全的关键之路。合作过程中应体现包容性、可持续和安全性原则，建立利益分享机制，保证参与各方都能积极承担国际责任，共同分享发展成果，实现共赢，实现人与自然和谐发展。

过去国际农业合作的有益经验都为构建上合组织农业领域的"命运共同体"打下了坚实基础。在人类命运共同体理念指引下，上合组织农业技术示范基地坚持大农业观（贯穿一、二、三产业的现代农业产业化形式），

整体观（注重地区和行业综合平衡）、正确的义利观（亲、诚、惠、容，兼顾效率、公平与稳定），既以农业为切入点和抓手，又跳出农业这一范畴，从整个经济合作、地区合作的角度出发，致力于减少贫困，巩固和睦的大家庭，将每个国家的前途命运更加紧密联系在一起，将各成员国人民对美好生活的向往变成现实。

第二，探索实践国际农业协同创新合作机制。为推动国际农业合作和保障粮食安全，各国间建立了很多全球性和地区性的农业合作机制。总体上，发展中国家在议题引领、规划对接、标准规则制定、品牌和服务体系建设等方面都存在弱项，经常跟随欧美发达国家走。议题引领就是寻找各方共同感兴趣、共同关切的热点，结合农业长远发展战略目标，设置一段时期的合作重点和目标，这是凝聚共识和引领发展方向的必由之路。规划对接就是从各国既定的农业发展战略和行动计划中，找出值得各方共同努力的优先方向和具体项目。标准规则制定就是协调甚至统一各国的技术与认证的标准和规则，消除贸易与投资壁垒，整合科技资源。品牌和服务体系建设就是巩固生产、流通、消费整个产业链和价值链，使得地区内的农产品有特色，粮食安全有保障，合作的结果要形成品牌，形成体系，具有竞争力。

作为上合组织所涵盖地区的农业技术引领者和示范者，上合组织农业基地不仅关注科技本身发展（研发和推介），还以科研为媒介，在机制建设方面下功夫，利用自身优势发挥组织协调功能，挖掘和整合各成员国、各领域的资源潜力，从关注增产降本到重视全产业链和价值链，从关注质量和数量到重视个性化需求，从而得以吸引越来越多的合作伙伴（合作主体），开发越来越多的合作项目（合作内容），形势越来越灵活多样（对话磋商、研讨会、推介会、项目招标、咨询服务、援助等）。

第三，促进农业科技创新。在自然资源环境承载力有限的条件下，农业发展特别需要农业科技支撑。上合组织成员所在地区是世界粮食主产区，各国农业生产各具特色，农产品各具比较优势，农业科技各领风骚。俄罗斯和哈萨克斯坦北部地区，以及印度和巴基斯坦位于世界土壤肥力最高的黑土地带，是世界小麦、玉米、大豆和畜牧业的主产区，在农作物遗传育种、动植物免疫、国家资源库储备、生物技术、重型农机装备等方面经验丰富。中亚和南亚是世界棉花主产区之一，蔬菜、水果和高山畜牧业也较发达，在灌溉农业、棉花育种等领域有技术专长，印度在人工智能和智慧农业方面具有丰富经验。

可以说，上合组织农业基地本着"面向世界科技前沿、面向经济主战场、面向国家重大需求、面向人民生命健康"基本原则精神，聚焦减贫、保护生物多样性、提升农业生产能力、增强农业小农户价值链，打造研发、展示和交流各成员国农业最新技术的平台，为整个地区提供共享成果。通过开发良种，增强抗病能力，优化水和土壤利用，提高农资效率，普及生物技术、数字技术和人工智能，弥补成员国农业领域的短板弱项，提高抗风险能力，增加单产，丰富品种，更好地保障地区乃至全球的粮食安全。在此，上合组织农业基地不是中国一家的独角戏，而是所有成员共享的平台；不是单一技术的合作，而是广泛领域的合作；不是局限于技术研发，而是包括科研、推广、交流、培训、示范等产学研一体合作，推动科技与产业融合发展；不仅注重继承和保护传统技术，也积极吸收最新科技成果，大力应用现代数字和人工智能技术，改造农业产业链条，搭建数字技术服务与交易平台。

第四，发展能力建设，提高发展韧性，传承农业文化。粮食安全问题的关键和核心不是依靠外部援助，而是培养各国的内生动力，发展和提高自身农业生产能力，推动全要素生产率提升。联合国粮农组织将"能力建设"定义为"个人、组织和由此构成的社会整体所具有的能成功处理其自身事务的能力。能力建设是一个释放、加强和维持这种能力的过程"，通常涵盖经济社会发展各个方面，如技术研发和推广、人力资源培训、风险应对与管理、乡村建设与治理、基础设施建设、金融信贷支持、市场和信息预警机制、改善粮食仓储、发挥小农户家庭和妇女的作用等，要求合作各方采取有效的发展战略，系统综合发展。

上合组织农业基地的研发、交流、培训和示范的主要目的就是提高成员国的农业传承、发展和抗风险能力，确保实现粮食安全和农业的长效性和可持续性。实践中，基地既注重技术本身的创新和推广，更重视人的发展和文化的传承；既培养农业技术人员，也培养农业管理和规划人员；既重视现代农业技术，也关注传统农耕文化，对农业、农村和农民长期形成的传统非物质文化予以保护和发扬。比如传统的种植和养殖方法、民间手工艺和加工方法、牧区文化、农耕习俗与禁忌、农村社区文化等。

结 语

总体上，尽管上合组织各成员国农业发展成就显著，但受国内和国际环境影响，农业发展和粮食安全依旧面临一定风险。在调整粮食和农业生产结构方面，受耕地和水资源所限，各国需在保障口粮、适应民众饮食多样化需求、满足工业原料供应、出口创汇等四者间做出合理和有效的平衡选择。在生态方面，各国均需抑制土壤和草场沙化和盐碱化，保护动植物生态多样性。在调控粮价和抑制通胀方面，各成员国的食品支出占居民总消费支出的比重都较大，居民对粮食和食品价格波动敏感，还须防范金融风险，降低粮食金融化影响，避免小幅或局部的粮价波动被放大成剧烈和全面的涨跌。因此，上合组织成员国均对上合组织农业基地寄予厚望，期待该基地多出成果，利用技术进步，帮助和推动成员国增强粮食安全水平，解决农业发展问题。未来，该基地将继续以成员国农业关切为重点，吸收现代科技成果，通过技术创新和人才培养，助力成员国农业发展，为解决地区和全球农业问题和提高粮食安全作出更多更好的示范。

Полезные поиски глобального аграрного сотрудничества

—Роль и значение базы ШОС по обмену и обучению аграрным технологиям в решении глобальных аграрных проблем и обеспечении продовольственной безопасности

Чжан Нин

Аннотация: С первого дня создания демонстрационная база ШОС по обмену и обучению аграрным технологиям начала изучать модели сотрудничества с региональными особенностями с точки зрения решения глобальных сельскохозяйственных проблем и обеспечения продовольственной безопасности. База придерживается концепции сотрудничества о «Сообществе единой судьбы человечества», внедряет новые механизмы сотрудничества и инновационные сельскохозяйственные технологии и уделяет особое внимание повышению работоспособности, стремясь реальными результатами сотрудничества внести свой вклад в решение аграрных вопросов и продовольственной безопасности, интересующих все государства–члены ШОС.

Ключевые слова: Показательная зона Янлин; демонстрационная база ШОС по обмену и обучению аграрным технологиям; продовольственная безопасность, сообщество единой судьбы; научно–технические инновации сельского хозяйства

Об авторе: Чжан Нин, заведующий отделением Центральной Азии при Институте России, Восточной Европы и Центральной Азии АОН КНР, старший научный сотрудник.

An Exploration Contributing to Global Agricultural Cooperation

—Implication and Role of SCO Agricultural Base for Resolving Global Agricultural Problems and Ensuring Food Security

Zhang Ning

Abstract: Since its establishment, the Shanghai Cooperation Organization Demonstration Base for Agricultural Technology Exchange and Training has been exploring the cooperation mode with regional features and in line with regional reality in its efforts to resolve global agricultural problems and ensure food security. Adhering to the cooperation concept of "community of shared future for mankind", the demonstration base is engaged in developing new cooperation mechanisms, innovating agricultural technology, and enhancing capacity-building, thus making its own contribution to resolving agricultural problems and ensuring food security widely concerned by SCO member countries.

Keywords: Yangling Development Zone; SCO Agricultural Technology Exchange and Training Demonstration Base; food security; community of shared future; agricultural science and technology innovation

Author: Zhang Ning, Director and Research Fellow of the Department for Central Asian Studies, Institute of Russian, Eastern European and Central Asian Studies, Chinese Academy of Social Sciences.

杨凌示范区党工委、管委会

　　1997年7月29日,国务院批准建立杨凌农业高新技术产业示范区(简称"杨凌示范区"),实行"省部共建、以省为主"的领导管理体制,由国家科技部等22个部委和陕西省人民政府共同建设,承担着推动我国干旱半干旱地区农业现代化的国家使命。杨凌示范区党工委、管委会为陕西省委、省政府派出机构,具有地市级行政管理权和省级经济管理权。杨凌示范区是我国首个国家级农业高新技术产业示范区,是中国自由贸易试验区中唯一的农业特色自贸片区,是中国政府重点支持的四大科技展会之一"农高会"的举办地,是闻名世界的"农科城"。(杨凌农科传媒集团/摄)

西北农林科技大学

  西北农林科技大学是教育部直属、国家原"985工程"和"211工程"重点建设高校,是陕西省首批入选国家"世界一流大学和一流学科"建设的高校。该校前身为创建于1934年的国立西北农林专科学校,为西北地区最早的高等农林教育学府。目前,该校已发展成为全国农林水学科最为齐备的高等农业院校。1999年9月,党中央、国务院为实施西部大开发战略和推进科教体制统筹改革,将同处杨凌的原西北农业大学、西北林学院、中国科学院水利部水土保持研究所、水利部西北水利科学研究所、陕西省农业科学院、陕西省林业科学院、陕西省中国科学院西北植物研究所等七所科教单位合并组建成立西北农林科技大学,实行部省院共建机制,赋予该校支撑和引领干旱半干旱地区现代农业发展的重要使命。(西北农林科技大学/摄)

杨凌职业技术学院

  杨凌职业技术学院的前身最早可追溯到1934年于右任先生和杨虎城将军创建的国立西北农林专科学校附设高职。1999年9月，经教育部批准，由陕西省农业学校、陕西省水利学校和陕西省林业学校合并而成杨凌职业技术学院，成为一所省属全日制普通高等职业院校。该校是我国首批28所国家示范性高职院校之一，也是首批50所全国毕业生就业经验典型高校之一，和全国重点建设的31所示范性职业技术学院之一。（杨凌职业技术学院/摄）

陕西省杂交油菜研究中心

陕西省杂交油菜研究中心是国家油料作物改良中心陕西油菜分中心、杂交油菜国家地方联合工程研究中心、陕西省杂交油菜工程技术研究中心。主要开展以油菜为主的农作物技术攻关及种质资源创新，科研范围涉及遗传机理、育种技术、基因工程、细胞工程、生物技术、栽培生理、营养与施肥、病虫草害防治等应用基础研究，以及农产品品质及质量安全研究，新品种试验、示范与推广等领域。该中心培育了世界上第一个大面积种植的杂交油菜品种"秦油2号"，其研发的双低优质杂交油菜品种繁育技术和特高含油量油菜居国际领先水平。（陕西省杂交油菜研究中心/摄）

上合组织现代农业交流中心

2021年10月,杨凌示范区总投资8.5亿元、总建筑面积约4.5万平方米的上合组织现代农业交流中心建成启用,该中心集教学培训、会议会展、文化交流等功能于一体,成为杨凌示范区推进国际合作交流的"新窗口"。(杨凌示范区上合办/摄)

中国杨凌农业高新科技成果博览会

中国杨凌农业高新科技成果博览会由科技部、农业农村部、商务部、中国科学院、国家林业和草原局、国家知识产权局和陕西省人民政府共同主办，是国家5A级农业综合展会，是国际展览业协会（UFI）认证的展会。该博览会荣获中国驰名商标称号，品牌价值达871.19亿元。从1994年创办至今，该博览会已连续举办28届，参展参会人数累计达3300万人次，成交额累计达1.3万亿元。目前，该博览会已成为"国际知名、国内一流、市场认可、农民喜爱"的农科盛会，是中国与世界各国开展农业领域深入合作交流的广阔平台。（杨凌农科传媒集团/摄）

中国（陕西）自由贸易试验区杨凌片区

2017年4月1日，中国（陕西）自由贸易试验区杨凌片区挂牌成立，是全国唯一农业特色鲜明的自贸试验区，是陕西省的三大自贸试验区之一，总面积5.76平方公里。（杨凌示范区自贸办/摄）

陕西杨凌综合保税区

陕西杨凌综合保税区是全国唯一农业特色综合保税区,2022年5月27日通过国家验收。保税区规划面积0.88平方公里(1320亩),总规划建筑面积59.4万平方米,建安总投资约25亿元。依照该保税区建设"四园区一中心三平台"的战略规划,该保税区正在全力建设种质资源保税研发园、高端食品加工产业园、生物医药及植物提取产业园、跨境电商产业园和设施农业装备及农业生产资料展示交易中心,以倾力打造食品农产品检验检疫平台、特殊物品出入境供应链平台、上合国家特色农产品贸易平台。(杨凌农科传媒集团/摄)

杨凌种业国际大厦

杨凌种业创新中心成立于2021年1月19日。该中心着力构建以市场为导向、大学为支撑、产业为主导、企业为主题、园区为平台、产学研相结合、育繁推一体化的现代农作物种业体系，以保障国家粮食安全为己任。中国工程院院士、西北农林科技大学教授康振生任中心主任，中心设管理委员会、技术委员会、院士工作站等机构。（杨凌农科集团/摄）

杨凌智慧农业示范园

　　杨凌智慧农业示范园坐落于中国（陕西）自由贸易试验区杨凌片区的杨凌智慧农业谷，是首批上海合作组织现代农业实训基地之一。示范园占地面积720亩，总投资4.6亿元，分为"一心五区"，即智慧农业综合服务中心、智慧农业展示区、休闲农业康养区、高效农业产业化示范区、智能冷链物流区、生态肥研发区，集成了1000多项国内领先、国际一流的新技术、新模式，展示了全球领先的新设备、新品种，已成为国际农业技术交流合作的科技之窗。（杨凌农科集团/摄）

教稼园

教稼园是一个以农耕始祖——后稷为主题,以农耕文化为背景营建的具有现代休闲功能的观光公园。后稷是中华民族农业始祖,早在4000多年前,后稷就在杨凌这片土地上"教民稼穑,树艺五谷",创建了光辉灿烂的农耕文化。(杨凌农科传媒集团/摄)

西北农林科技大学博览园

西北农林科技大学博览园是西北地区重要的教育基地,集科研、教学、科普于一身,建筑面积达上万平方米,建有中国农业历史博物馆、土壤博物馆、昆虫博物馆、植物博物馆以及逸夫科技馆博物馆等五个专业博物馆。其中,昆虫博物馆是世界上最具综合性,规模最大的昆虫博物馆;植物博物馆是我国馆藏量最丰富的植物标本馆之一。(杨凌农科传媒集团/摄)

第三章

上海合作组织农业技术交流培训示范基地：
成就和经验

Глава 3. База ШОС по обмену и обучению аграрным технологиям: достижения и опыт

Chapter III: SCO Demonstration Base for Agricultural Technology Exchange and Training: Achievements and Experiences

上合组织农业基地对上合组织农业发展的作用

聂凤英　刘洪霞

【内容提要】上合组织成员国均属于发展中国家，农业作为一个重要的产业部门，在国民经济发展中占据重要地位。但是，由于各国在自然资源禀赋、生产力发展水平、政策环境等方面存在差异，故其在农产品、农业技术、农业人才等方面都具有各自优势和劣势。目前，大多数成员国农业发展都面临一系列问题，如水资源短缺、土地资源退化、农业技术水平落后、农业机械化水平低、化肥使用过度或不足、农业科技研发投入不足、人才队伍建设滞后、粮食产后损失和浪费严重、粮食安全风险长期存在等。因此，上合组织成员国迫切需要提高本国农业科技发展水平，发展现代农业，以此推动农业转型升级和提质增效，提高粮食安全保障水平。那么，立足中国经济实力与经验，对上合组织成员国开展农业技术交流与培训就具有非常重要的战略意义。为此，2019年6月14日，国家主席习近平在比什凯克出席上合组织成员国元首理事会第十九次会议上，提出在陕西省设立上海合作组织农业技术交流培训示范基地的倡议，旨在加强同地区国家在现代农业领域的合作，协同推进各成员国农业的高质量发展。目前，基地建设已逾三周年，对上合组织农业发展起到了非常积极的推动作用，有利于促进成员国现代农业的共同发展、提高成员国的农业科技发展水平、加强成员国农业高级别官员的沟通交流，同样有利于帮助成员国培养高素质职业农民、应对土壤荒漠化、加强成员国跨境动物疫病联合防控，携手成员国消除贫困和应对气候变化等。

【关键词】现代农业；粮食安全；消除贫困；气候变化

【作者简介】聂凤英，中国农业科学院农业信息研究所副所长、研究员。刘洪霞，中国农业科学院农业信息研究所副研究员。

一、上合组织国家农业发展概况

目前，上合组织已成为世界上幅员最广、人口最多、潜力最大的地区性国际组织。上合组织成员国均属于发展中国家，农业在国民经济发展中占重要地位。但是，各成员国因资源禀赋、经济模式、生产力发展水平、政策环境等方面存在差异，其农业发展水平也存在一定差异。

上合组织国家人均GDP（现价美元）大多低于世界平均水平。据世界银行统计，2021年人均GDP塔吉克斯坦为897美元、吉尔吉斯斯坦为1276美元、巴基斯坦为1538美元、乌兹别克斯坦为1983美元、印度为2277美元、哈萨克斯坦为10,042美元、俄罗斯为12,173美元、中国为12,556美元，而世界平均水平为12,263美元。[①]

大多数成员国农业产值占GDP比重较高。据世界银行统计数据，2020年农业产值占GDP比重乌兹别克斯坦为25.1%、塔吉克斯坦为24%、巴基斯坦为21.9%、印度为18.2%、吉尔吉斯斯坦为13.6%、中国为7.7%、哈萨克斯坦为5.4%、俄罗斯为4.0%。[②]

上合组织国家农业以种植业和畜牧业为主。种植业方面，上合组织成员国主要以粮食（小麦、玉米和水稻）、油料和棉花这三类土地密集型产品为主，其中，中国、印度、巴基斯坦和乌兹别克斯坦为世界排名前十的棉花生产国。畜牧业以养羊、养牛、养猪、养马为主，其中印度是世界上养牛最多的国家；中国是世界上第一养猪大国，生猪存栏、出栏、猪肉产量均居世界第一。

大多数成员国农村人口占比高于世界平均水平（43%）。据世界银行数据统计，2021年农村人口占比塔吉克斯坦为72%、印度为65%、吉尔吉斯

---

① 世界银行，https://www.worldbank.org/en/country，访问日期：2022年6月12日。
② 同上。

斯坦为63%、巴基斯坦为63%、乌兹别克斯坦为50%、哈萨克斯坦为42%、中国为37%、俄罗斯为25%。①

大多数成员国人均耕地面积低于世界平均水平。据世界银行统计数据，2018年，除哈萨克斯坦（1.63公顷/人）、俄罗斯（0.84公顷/人）和吉尔吉斯斯坦（0.20公顷/人）外，人均耕地面积巴基斯坦为0.14公顷、印度为0.12公顷、乌兹别克斯坦为0.12公顷、中国为0.09公顷、塔吉克斯坦为0.08公顷，均低于世界平均水平（0.18公顷/人）。

上合组织国家位于世界粮食主产区。中国、印度和俄罗斯均为世界排名前五的粮食生产大国。2020年，中国谷物产量为6.17亿吨，占世界谷物总产量的20.75%；俄罗斯为世界上最大的小麦出口国，2017—2020年其小麦出口约占全球市场的20%；印度为世界上最大的稻谷出口国，2021年其稻谷出口约占全球市场的37.5%。②

二、上合组织国家农业发展面临的共同问题

（一）水资源匮乏

水资源匮乏已成为制约上合组织国家农业发展的瓶颈。农业作为用水大户，水资源供需矛盾在未来会日益突出。除俄罗斯、吉尔吉斯斯坦和塔吉克斯坦外，其他成员国水资源都普遍短缺。同时，多数成员国的农田水利配套设施并不健全，灌溉设施落后，农田大多以漫灌为主，滴灌技术较为欠缺，极大制约了农业生产潜力的发挥。如何保持农业生产稳定发展，确保国家粮食安全和重要农产品有效供给，必须做好农业节水灌溉这篇大文章，提高农业用水效率。

（二）农业科技发展水平低

农业科技发展水平低阻碍了上合组织国家农业的全面发展。先进的农业科技发展水平是粮食单产提高的保障。大多数成员国农作物单产水平普

---

① 世界银行，https://www.worldbank.org/en/country/，访问日期：2022年6月12日。
② "Rice Exports by Country 2021," accessed May 1, 2022，http://www.worlds topexports.com/.

遍低于世界平均水平，更低于中国。如2020年，巴基斯坦和印度水稻单产分别为2.52吨/公顷和3.96吨/公顷，而中国和世界水稻单产分别为7.04吨/公顷和4.61吨/公顷；巴基斯坦、哈萨克斯坦和吉尔吉斯斯坦小麦单产分别为2.87吨/公顷、1.18吨/公顷和2.55吨/公顷，而中国和世界小麦单产分别为5.74和3.47吨/公顷。①影响农作物单产水平的主要因素除了水资源缺乏，还包括良种普及率低、管理方式粗放、病虫害防治技术落后等。未来，如何依靠科技创新来提高粮食产量，是所有成员国共同面对的挑战。

（三）农业机械化水平低

农业机械化水平低对上合组织国家现代农业发展形成了诸多阻力。农业机械化的普及有利于提升农产品的产量和竞争力。与发达国家相比，大多数成员国因工业化程度低，农业投入不足，科技发展水平不高等原因，普遍缺乏科技含量高、可靠性强、操作方便的大型机械。如在乌兹别克斯坦，农田耕作大部分靠手工劳动。在巴基斯坦，利用手工或者较低的机械化手段进行田间作业较为普遍。总之，因上合组织国家地理条件、气候条件、生产条件、经济发展水平等存在差异，如何做到因地制宜地开发、引进和生产农业机械，升级换代当前的农机技术装备，进而提升本国农业机械化水平，就显得尤为重要。

（四）化肥使用过度或不足

化肥使用过度或不足都会造成上合组织国家粮食减产。如化肥使用过量会造成土壤板结、地下水遭受污染、作物长势差、品质下降、产量降低等连锁反应。同样，因化肥使用不足会导致作物长势差、品质下降、产量降低等。2018年，中国（393.2公斤/公顷）、乌兹别克斯坦（251.9公斤/公顷）、印度（175.0公斤/公顷）和巴基斯坦（156.0公斤/公顷）每公顷耕地的化肥消费量明显高于世界平均水平（136.8公斤/公顷）。相反，吉尔吉斯斯坦（21.2公斤/公顷）、哈萨克斯坦（8.3公斤/公顷）、塔吉克斯坦（17.6公斤/公顷）和俄罗斯（20.81公斤/公顷）每公顷耕地的化肥消费

---

① 联合国粮农组织，http://www.fao.org/home/en，访问日期：2022年6月12日。

量明显低于世界平均水平。①

（五）研发投入不足，人才队伍建设滞后

研发投入不足和人才队伍建设滞后严重影响了上合组织成员国的农业科技创新能力。上合组织成员国科技研发投入强度普遍低于世界平均水平，除了中国、俄罗斯和印度外，其他成员国的科技研发投入强度均低于0.50%，如吉尔吉斯斯坦和塔吉克斯坦的科技研发投入强度仅为0.10%，哈萨克斯坦为0.12%，乌兹别克斯坦为0.13%。在人才队伍建设方面，除中国和俄罗斯外，其他成员国每百万人拥有研发人员数量均低于世界平均水平。如2018年，乌兹别克斯坦、巴基斯坦、印度和哈萨克斯坦每百万人拥有研发人员数量分别为476人、336人、253人和667人，而世界平均水平为1410人（2015年）。未来，上合组织成员国如何通过不同政策措施提高农业科技研发投入，培养农业高素质人才队伍，提高农业科技创新能力，将是推动本国现代农业发展的重要驱动力。

（六）粮食产后损失和浪费严重

粮食产后损失和浪费严重影响上合组织国家的粮食安全。近年来，食物损失和浪费已成为全球关注的焦点。据联合国粮农组织（FAO）估算，每年近三分之一的粮食被损失和浪费，仅在收获后到销售前的环节就损失14%。上合组织成员国超过一半的粮食损失发生在生产、产后处理和储藏环节，这主要是由于基础设施不完善、机械化水平低、储粮技术落后、减损政策支持力度不够等导致。如何通过不同的技术措施和管理措施减少粮食产后损失和浪费，提高本国粮食安全，将是各成员国需共同解决的难题。

（七）粮食安全风险长期存在

粮食安全始终是上合组织成员国政府面临的重要问题。上合组织成员国粮食产量不稳定，起伏较大，粮食安全风险将长期存在，其原因包括：一是成员国大多为缺水型国家，因干旱缺水导致粮食损失严重；二是成员

---

① 世界银行，https://www.worldbank.org/en/country/，访问日期：2022年6月12日。

国大多处在气候风险较高的区域，自然灾害发生频繁，导致粮食减产；三是上合组织人口总量占全球总人口的40%，人口增加对食品需求增多；四是成员国土地退化严重，粮食单产下降，如乌兹别克斯坦土壤盐碱化严重，中国土壤盐渍化、酸碱化严重，塔吉克斯坦土壤肥力差，优质耕地资源缺乏。

三、上合组织农业基地建设对上合农业发展的作用

2019年6月14日，国家主席习近平在比什凯克出席上海合作组织成员国元首理事会第十九次会议上提出，中方愿在陕西省设立上海合作组织农业技术交流培训示范基地（以下简称"上合组织农业基地"），加强同地区国家现代农业领域合作。经中国政府多方商讨，将上合组织农业基地选在了陕西省杨凌农业高新技术产业示范区。目前，基地建设已逾三周年，对上合组织农业发展起到了非常积极的推动作用。

（一）有利于推动成员国现代农业共同发展

截至2021年，中国农业科技进步贡献率已突破60%，农作物耕种收综合机械化率超过70%，主要农作物良种实现全覆盖。中国的作物基因组学与农业生物技术育种研究已迈入国际前列，精准农业航空植保技术与农业智能装备已引领世界农业信息技术发展方向。综合研判，中国农业科技整体实力已进入世界前列。立足中国经济实力、农业发展经验与农业科技优势，在中国建立农业交流培训基地，并针对各成员国农业发展特点与未来农业发展目标，开展农业技术交流和培训，有利于推动各成员国现代农业共同发展。

（二）有利于提高成员国农业科技发展水平

目前，由中国主办的发展中国家技术培训班已日益成为中国扩大开放、开展互利共赢合作的一个亮丽品牌。与其他成员国相比，中国在种植业、旱作农业、节水灌溉、农业信息技术等多个领域，印度在农业生物技术、IT技术等领域，俄罗斯在农作物育种技术、动物育种技术、农产品加

工技术等领域都呈现出了比较先进的技术优势。因此，各成员国可以借助上合组织农业基地建设，通过开展各种培训交流项目，相互学习，相互借鉴，相互促进，共同提高本国农业科技发展水平。

（三）有利于加强成员国农业高级别官员的沟通交流

中共十八大以来，农业已成为我国高层互访的重点关注和对外合作的重要议题。目前，农业领域已成为上合组织经贸合作的重要内容和基础支撑。农业高级别官员，作为国家政策的制定者和执行者，在平常的领导和管理中，一直担任重要的角色。他们的业务水平和管理能力，直接影响本国农业政策的制定和执行。借助上合组织农业基地建设，邀请上合组织成员国知名农业经济管理专家，对各成员国农业高级别官员开展一些交流培训项目（如农产品质量安全认证、农产品进出口检验检疫、水资源综合利用等），将有利于提升其综合管理能力，优化农业对外合作环境，提升区域互联互通，促进区域农业健康发展。

（四）有利于帮助成员国培养高素质职业农民

现代职业农民的科技水平和科技基础对未来现代农业的发展起着关键性作用。目前，各成员国从事农业的劳动者年龄大，文化程度低，而年轻的和文化程度高的青年大都流向城镇，满足不了现代化农业发展需求。因此，各成员国都迫切需要建设一支有文化、懂技术、会经营的现代职业农民队伍。中国对现代职业农民培训积累了一定经验，如杨凌示范区十年来面向旱区广大农民的科技培训工作成效十分显著。借助上合组织农业基地建设，邀请成员国专家学者，针对年轻职业农民，围绕农业生产技能和农业经营管理水平提升这两条主线，通过线上授课与线下指导的培训模式，使其在技术水平和管理水平上都能同时得到提升。

（五）有利于帮助成员国应对土壤荒漠化

土壤荒漠化已成为世界农业可持续发展的重要障碍。印度北部、巴基斯坦、中亚到中国西北，其土地沙化问题日趋严重。巴基斯坦由于气候特别干旱，地貌的风力过程非常活跃，加上人类过度开垦、过度放牧、樵采破坏天然植被、河流变迁、交通道路修建等对地表的破坏，造成塔尔地区荒漠化加剧。中国是世界上荒漠化面积最大、受风沙危害严重的国家。近些年来，中国防沙治沙工作的理念与技术已经走在世界前列，"库布其模式"已成为全球公认的荒漠化治理的"中国样本"。中国可以依托上合组织农业基地建设，向各成员国分享中国荒漠化治理的先进理念与技术，为饱受荒漠化侵害的成员国带去中国经验、中国智慧、中国方案，推动成员国实现生态修复和民众整体脱贫。

（六）有利于加强成员国跨境动物疫病联合防控

动物疫病不分国界，随着上合组织成员国农产品贸易的不断发展，动物疫病疫情跨境传播的风险也在不断加大。目前，上合组织成员国重大动物疫病（如禽流感、非洲猪瘟、口蹄疫等）防控水平参差不齐，如中国和俄罗斯在疫苗研发和免疫政策实施方面拥有较为丰富的经验。为了提升成员国重大动物疫病防控能力，最终达到提高农产品质量，提高通关效率的目的，可借助上合组织农业基地建设，分享成员国重大动物疫病防控、疫苗研发和免疫政策实施的成功经验，推动各成员国加强对话交流与合作，增进成员国间互信。同时，通过运用现代信息分析管理技术、计算机模拟技术、风险分析技术等信息技术，及时通报本国动物疫病的相关信息，共同构建动物疫病联防联控体系。

（七）有利于携手成员国消除贫困

上合组织各成员国大多是传统的农业国家，大多数贫困人口生活在农村，而且多数成员国仍然没有消除绝对贫困。如2019年塔吉克斯坦仍然有26.3%的人口生活在国家贫困线以下；[①] 2021年印度仍然有9770万人口处于绝对贫困；[②] 2022年巴基斯坦仍然有45%的人口生活在国家贫困线以

---

① ADB, "Poverty Data:Tajikistan," accessed May 24, 2019, https://www.adb.org/countries/tajikistan/poverty#:~:text=In%20Tajikistan%2C%2026.3%25%20of%20the%20population%20lives%20belowpower%20parity%20a%20day%20in%202019%20is%201.7%25.

② EZOIC, "Poverty Rate in India Statistics 2021-2022 | Poorest State in India," accessed February 24, 2022, https://www.theglobalstatistics.com/poverty-in-india-statistics-2021/.

下。① 中国在扶贫方面取得了举世瞩目的成就，2020年已消除绝对贫困，形成了一整套扶贫开发的中国方案，所积累的经验和创造出的扶贫开发模式是人类文明发展的智慧结晶。中国可以借助上合组织农业基地建设，向各成员国分享中国扶贫方案，介绍中国扶贫经验，与成员国携手消除贫困，提高人民福祉，共建人类命运共同体。

（八）有利于携手成员国应对气候变化

近年来，气候变化引发的极端天气对"靠天吃饭"的农业产生了重要影响，进而引发了全球对"粮食安全"的担忧。因上合组织各成员国地缘相近、利益相关、自然灾害发生特点相近，再加上近年来，各成员国因气候变化导致的自然灾害和天气异常现象均有增加，未来如何探索出一条应对气候变化、保护环境与实现经济增长多赢的发展路径，将是各成员国期待合作的一项工程。目前，各成员国可以借助上合组织农业基地建设，分享各国应对气候变化的成功经验，积极探究农业领域应对气候变化的适应措施，如调整农业种植制度和布局、选育优良农作物品种、加强农业气候灾害防控、加强农业基础设施建设等，从而确保地区粮食安全。

---

① Javed Pasha, "Major Causes Of Poverty In Pakistan," accessed January 24, 2022, https://soulandland.com/poverty/major-causes-of-poverty-in-pakistan/.

Роль базы ШОС по обмену и обучению аграрным технологиям в развитии сельского хозяйства ШОС

Не Фэнъин   Лю Хунся

Аннотация: Развивающимися странами являются все государства–члены ШОС. Как первый производственный сектор, сельское хозяйство занимает важное место в развитии национальной экономики. Однако по причине разницы в условиях природных ресурсов, в уровнях развития производственных сил и в политической среде каждая страна отличается своими преимуществами и недостатками в отношении сельскохозяйственной продукции, аграрных технологий и талантов. В настоящее время развитие сельского хозяйства в большинстве стран–членов ШОС сталкивается с рядом проблем, таких как нехватка воды, деградация земельных ресурсов, отсталые сельскохозяйственные технологии, низкий уровень механизации сельского хозяйства, чрезмерное или недостаточное использование химических удобрений, недостаточные инвестиции в научную разработку сельскохозяйственных технологий, слабые команды агротехнического персонала, серьезные послеуборочные потери и отходы и т. д., а риски продовольственной безопасности сохраняются в течение длительного времени. Поэтому государствам–членам ШОС необходимо срочно повышать уровень развития сельскохозяйственной науки и техники и развивать современное сельское хозяйство, чтобы способствовать трансформации и модернизации сельского хозяйства, улучшению качества и эффективности, повышению уровня продовольственной безопасности. Китай на основе экономического потенциала и опыта разворачивает обмен сельскохозяйственными технологиями и обучение, такого вида сотрудничество имеет большое стратегическое значение для стран–членов ШОС. 14 июня 2019 года председатель КНР Си Цзиньпин на 19–м заседании Совета глав государств–членов ШОС в Бишкеке внес инициативу создать в провинции Шэньси демонстрационную базу ШОС по обмену и обучению аграрным технологиям, направленную на укрепление сотрудничества со странами региона в области современного сельского хозяйства, а также координацию действий по продвижению качественного сельскохозяйственного развития стран–членов ШОС. В настоящее время База строится уже четвертый год. Этот проект играет важную роль в содействии развитию сельского хозяйства ШОС и совместному развитию современного сельского хозяйства, повышению уровня развития сельскохозяйственной науки и техники, а также укреплению связи между высокопоставленными сельскохозяйственными чиновниками государств–членов ШОС. База поможет государствам–членам подготовить профессиональных фермеров, бороться с опустыниванием почвы, укрепить совместную профилактику и борьбу с трансграничными болезнями животных в странах–членах ШОС и развернуть работу со странами–членами по ликвидации бедности и решению проблемы изменения климата.

Ключевые слова: современное сельское хозяйство; продовольственная безопасность; ликвидация бедности; изменение климата

Об авторах: Не Фэнъин, замдиректора НИИ аграрной информации Китайской академии сельскохозяйственных наук, старший научный сотрудник.

Лю Хунся, ведущий научный сотрудник НИИ аграрной информации Китайской академии сельскохозяйственных наук.

The Role of SCO Agricultural Base to the Agricultural Development of the SCO

Nie Fengying Liu Hongxia

Abstract: The SCO member states all belong to developing countries. As an important industrial sector, agriculture plays an important role in the development of national economy. However, due to the variations in natural resource endowment, productivity, policy environment, the SCO countries each have both advantages and disadvantages in agricultural products, agricultural technology and agricultural talents. At present, agricultural development in the majority of member countries faces a series of problems, such as water shortage, land resources degradation, backward agricultural technology, low-level agricultural mechanization, excessive or insufficient use of fertilizer, insufficient investment in agricultural science and technology research and development, backward construction of talent team, serious grain loss and waste after harvesting, long-term risk of food security, etc. Therefore, SCO member countries urgently need to improve the development level of agricultural science and technology and develop modern agriculture, thereby promoting agricultural transformation and upgrading, and increasing food security. Therefore, it is of great strategic significance for SCO member countries to carry out agricultural technology exchange and training based on China's economic strength and experience. On June 14, 2019, Chinese President Xi Jinping attended the 19th Meeting of Heads of State of SCO Member States in Bishkek, proposing to establish a demonstration base for agricultural technology exchange and training in Shaanxi Province, aiming at strengthening cooperation in the field of modern agriculture with regional countries and promoting the high-quality agricultural development of member countries. After three years of construction, the SCO

Agricultural Base has played a very active role in promoting the development of modern agriculture in member countries, improving agricultural science and technology development in member countries, strengthening communication and exchange between senior agricultural officials of member countries, helping member countries to train high-quality professional farmers, helping member countries to cope with soil desertification, strengthening joint prevention and control of cross-border animal epidemics among member countries, and working together to eradicate poverty and address climate change.

Keywords: modern agriculture; food security; poverty eradication; climate change

Author: Nie Fengying, Deputy Director and Research Fellow of Agricultural Information Institute of Chinese Academy of Agricultural Sciences.

Liu Hongxia, Associate Research Fellow, Agricultural Information Institute of Chinese Academy of Agricultural Sciences.

上合组织农业基地的建立和发展进程

杨凌示范区管委会

【内容提要】上海合作组织农业技术交流培训示范基地是习近平主席着眼构建人类命运共同体,推动区域现代农业协同发展的重要倡议。回顾上合组织农业基地的建立与发展,基地建设主要经历了三个重要阶段。杨凌示范区凭借富集的农科教资源,紧贴国家农业对外开放布局和上合组织国家现代农业发展资源禀赋,积极谋划推进上合组织农业基地设立工作,推动习近平主席提出的重大倡议;在上合组织法定程序框架下修订完善基地建设《框架构想》和基地法律地位文件,履行必要国际程序,持续沟通磋商,稳妥处理意见分歧,推动上合组织各方达成基地建设共识;2020年10月22日,基地挂牌运行,同步建立基地建设内部推进机制,不断完善基地平台框架体系,持续释放基地核心效能。

【关键词】上合组织;农业基地;发展进程

2019年6月14日,习近平主席在出席上合组织成员国元首理事会第十九次会议时提出"中方愿在陕西省设立上海合作组织农业技术交流培训示范基地,加强同地区国家现代农业领域合作"的重大倡议。这一倡议得到了上合组织成员国的积极响应,中国农业农村部、科技部、外交部等国家部委以及陕西省委、省政府和杨凌示范区党工委、管委会深入落实习近平主席的倡议精神,扎实推动上海合作组织农业技术交流培训示范基地(以下简称"上合组织农业基地")的建设落地落实。2020年、2021年,上合组织各成员国先后就基地建设的《倡议》和《框架构想》达成一致意见,基地成为上合组织国家首个共商共建共享的农业国际合作平台,列入上合组织20周年农业合作重要成果。回顾上合组织农业基地的建立与发展,基地建设主要经历了倡议源起、磋商共识、挂牌运行三个阶段。

一、倡议源起——紧贴国家农业对外开放布局和上合组织国家现代农业发展资源禀赋

农业合作是上合组织经济合作的优先方向。在2003年首版《上海合作组织多边经贸合作纲要》中，农业合作即被确定为上合组织经济合作的优先方向之一。2010年，上合组织成员国元首理事会第十次会议通过《上合组织成员国政府间农业合作协定》，为上合组织农业合作提供了机制和制度保障。2018年10月，上合组织成员国政府首脑（总理）理事会第十七次会议审议通过《上合组织粮食安全合作纲要》，成为上合组织农业合作向纵深发展的标志性事件。随着"一带一路"倡议的持续推进，上合组织陆续签署了一系列质检协议，为成员国之间农业贸易开辟了方便之门。进一步加强和推进农业领域务实合作成为顺应时代潮流、契合本地区实际需要、符合成员国根本利益的共同目标。

杨凌示范区是中国首个国家级农业高新区，西北农林科技大学、杨凌职业技术学院等驻区高校聚集了7000多名农、林、水科教人才，是中国农科教资源最为富集的地区之一，特别是旱作农业技术一直处于国际领先地位。杨凌示范区从2005年开始举办涉外农业技术培训项目，2011年8月，商务部在杨凌设立中国旱作农业技术援外培训基地。截至2019年，杨凌累计培训发展中国家农业官员、农业技术人员3300多名，其中，来自上合组织国家的受训官员达到400多名，培训内容涉及节水灌溉、农业环境调控、设施农业、畜牧养殖等多个方面，成为中国与上合组织国家开展农业技术交流最为密切的领域之一。此外，区内西北农业林科技大学同期招收和培养上合组织国家留学生200余名，在上合组织国家建立了八个农业技术示范园区。同时，享誉全球的杨凌农高会在上合组织国家影响力不断增强，2016年以来，累计吸引100余名上合组织国家政要、130家上合组织国家企业参展参会，杨凌现代农业技术在上合组织各国的影响力和认可度不断提升。

2018年10月，《国务院关于进一步支持杨凌农业高新技术产业示范区

发展若干政策的批复》正式印发，再次强调了杨凌示范区"建设'一带一路'现代农业国际合作中心，全面扩大农业领域国际合作交流"这一国家使命。经外交部、农业农村部等部委研究，认为杨凌示范区服务国家农业对外开放大局的条件不断成熟，特别是陕西的自然资源禀赋和上合组织成员国具有高度相似性，加之杨凌的农业技术经验对上合组织成员国农业发展极具借鉴价值和示范效用，倡议在陕西建设上海合作组织农业技术交流培训示范基地，加强同地区国家现代农业领域的合作，对共同应对粮食安全问题、强化命运共同体意识具有重大意义。

根据外交部、农业农村部的有关指示精神，陕西省委、省政府和杨凌示范区党工委、管委会积极谋划推进上合组织农业基地设立工作。2019年3月，经国际欧亚科学院中国中心等智库机构反复研究论证，形成了基地建设总体构想，并由陕西省政府报外交部。3月中旬外交部正式将"上海合作组织农业技术交流培训示范基地"事项报请中办，并建议习近平主席在2019年上合组织成员国元首理事会第十九次会议的重要讲话中正式发出设立上海合作组织农业技术交流培训示范基地的倡议。2019年6月14日，国家主席习近平在上合组织成员国元首理事会上郑重提出"中方愿在陕西省设立上海合作组织农业技术交流培训示范基地，加强同地区国家现代农业领域合作"的倡议。

二、磋商共识——在上合组织法定程序框架下推动各方达成基地建设共识

根据上合组织文件，"平等、协商"是"上海精神"的重要内容，也是上合组织合作的重要原则。上合组织农业基地倡议提出后，为尽快推进倡议的落地落实，外交部、农业农村部、陕西省政府和杨凌示范区积极推动基地建设，履行上合组织法定国际程序。

一是将基地建设纳入上合组织农业领域机制性会议研究议题，推动落地。2019年12月，农业农村部带队，杨凌示范区有关负责同志参加，组成上合组织农业基地建设中方代表团，赴俄罗斯莫斯科参加了上合组织成员国农业常设专家工作组会议，正式向上合组织各方提出建设上合组织农业

基地的事宜，并提交上合组织成员国农业常设专家工作组讨论。会议确定由中方提出基地建设《框架构想》和法律地位文件有关说明，经农业常设专家工作组开会讨论通过后，提交上合组织成员国农业部长会审议通过，第一时间明确了基地建设落地的路线图。

二是修订完善基地建设《框架构想》和基地法律地位文件，履行必要国际程序。根据上合组织成员国农业常设专家工作组讨论意见，农业农村部、外交部、科技部等部委和陕西省人民政府指导杨凌示范区加快修订完善基地建设《框架构想》，明确了基地平台"交流、培训、示范"的核心功能定位，明确了各方参与平台建设的责任义务和开展交流合作的途径方法等内容。在此基础上，邀请国际法专家就基地法律地位问题不断论证，并向上合组织秘书处及各成员国农业部门提交了关于基地法律地位的说明，赢得了各方的认可。

三是持续沟通磋商，稳妥处理意见分歧，分步达成共识。上合组织农业基地建设倡议是上合组织框架下提出的首个农业领域交流合作平台项目，受惯性思维影响，部分成员国对基地建设倡议存在一定的疑虑和担忧。有关各方先后就基地建设目的意义、资金义务、合作领域、知识产权保护、合作方式等方面表达关切，提出质疑。为推动各方达成共识，一方面，在农业农村部、外交部的指导下，加紧按照各方反馈意见进一步修订完善基地建设《框架构想》和有关法律地位补充文件。另一方面，以"边沟通、边建设、边完善"的工作思路，加快推进培训、交流、示范等务实合作项目，展现上合组织农业基地的务实形象。第26届杨凌农高会期间，通过举办上合组织现代农业发展圆桌会议，邀请上合组织秘书处及上合组织成员国、观察员国、对话伙伴国等13个国家的农业高级别官员亲临陕西杨凌，参加上合组织农业基地交流培训示范中心奠基仪式，介绍上合组织农业基地建设框架思路，描绘发展蓝图，增强各方信心，建立合作基础。疫情期间，陕西杨凌通过旱作农业技术援外培训平台，创新开展远程农业技术培训交流，实施各类培训项目10余期，受训10000多人次，发出杨凌声音，释放合作信号。同时，注重与上合组织秘书处保持密切沟通和衔接，多次就上合组织农业基地建设《框架构想》向上合组织秘书处专题汇报，邀请有关负责人到杨凌实地考察，表明陕西和杨凌推动上合组织农业基地建设的决心与能力。针对有关各方关切问题，持续加大双边对话沟通，扎实做好解疑释惑、求同存异工作，分步解决分歧，达成共识，先后在2020年和2021年召开的第五届、第六届上合组织成员国农业部长会议上通过基地建设《倡议》和《框架构想》。

三、挂牌运行——不断健全基地平台功能，释放平台效能

2020年10月22日，上合组织农业基地在杨凌示范区挂牌运行，正式开启了上合组织农业基地建设的新阶段。上合组织前秘书长弗拉基米尔·诺罗夫曾指出，上合组织农业基地将调动农业技术创新、先进知识和经验交流，解决上合组织国家现代农业发展问题，为进一步发展现代智慧农业提供有力帮助。联合国粮农组织助理总干事弗拉基米尔·拉赫马宁提到，上合组织农业基地符合上合组织区域农业发展的现实需求，将促进成员国间农业交流，促进区域农业健康稳定发展。上合组织研究中心秘书长邓浩指出，上合组织农业基地立足中国现代农业发展的典范——杨凌，其超前的理念、先进的技术和管理经验必将引领上合组织农业合作迈上一个高质量发展阶段，从而为上合组织农业合作开辟一条新的希望之路。

上合组织农业基地建设推进过程中，陕西省委、省政府及杨凌示范区坚持"下好先手棋，打好主动仗，不等不靠，主动作为"的工作思路，以挂牌即运行的建设标准，积极构建完善平台功能。一是同步建立基地建设内部推进机制。建立了农业农村部为总召集人单位，外交部、科技部、陕西省人民政府为召集人单位，国家发改委、财政部、商务部、国合署等部委参加的国家层面基地建设部际协调机制，省级层面基地建设领导小组和杨凌示范区基地建设推进专班，确保基地建设组织领导有力，顶层设计科学，上下联通，内外协调高效务实。二是不断完善基地平台框架体系。按照"一基地多平台、一中心多园区、一院多所"的框架，先后成立上合组织农业基地现代农业发展研究院、上合组织成员国农学高校联盟等农业科技交流平台和上合组织农业基地现代农业国际联合实验室、种业产业创新中心、畜牧产业创新中心、果业产业创新中心等一批科研创新平台。农业技术实训基地、农业特色自贸区、综保区等服务保障机构有序推进，平台

功能不断健全，支撑有力。三是持续释放基地核心效能。举办上合组织现代农业发展圆桌会议等重大国际交流活动，达成多项合作共识。基地建设有关事宜先后在上合组织成员国元首理事会、政府首脑（总理）理事会、外长理事会、农业部长会上予以强调。创新开展涉农对外培训示范，受到上合组织各方普遍认可，示范效能不断扩大。

Процесс создания и развития демонстрационной базы ШОС по обмену и обучению аграрным технологиям

Управляющий комитет показательной зоны Янлин

Аннотация: Демонстрационная база ШОС по обмену и обучению аграрным технологиям была создана по инициативе председателя КНР Си Цзиньпина в целях способствования развитию регионального современного сельского хозяйства в рамках формирования сообщества единой судьбы. Благодаря богатым агронаучным и образовательным ресурсам, руководствуясь политикой внешней открытости, показательная зона Янлин активно реализует проект по созданию сельскохозяйственной базы ШОС и практически претворяет в жизнь важную инициативу председателя КНР Си Цзиньпина. Для этого была проведена большая работа, как–то: составление рамочных концепций и юридических документов по учреждению Базы, выполнение необходимых международных процедур, продолжительные обмены мнениями и консультации, надлежащим образом урегулирование разногласий во мнениях, достижение консенсуса всех сторон ШОС. 22 октября 2020 г. база была внесена в список и вступила в эксплуатацию. В то же время были разработаны внутренние системы и механизмы. Базовая платформа непрерывно совершенствуется и демонстрирует заметный эффект.

Ключевые слова: ШОС; сельскохозяйственная база; процесс развития

The Establishment and Development of SCO Agricultural Base

Management Committee of Yangling Demonstration Zone

Abstract: Establishing an SCO agricultural base is an important proposal put forward by Chinese President Xi Jinping with a view to building a community of shared future for mankind and promoting the coordinated development of regional modern agriculture. The development of the SCO Agricultural Base can be divided into three stages. Yangling Demonstration Zone, by virtue of the plentiful agricultural science and education resources, and in conjunction with the layout of the national agricultural opening-up and the endowment of modern agricultural development resources of the SCO, actively promoted the plan for establishing an SCO Agricultural Base; revised and improved the Framework Concept for Agricultural Base Construction and the legal status document of the agricultural base within the framework of the legal procedures of the SCO, implemented necessary international procedures, conducted communication and coordination, properly handled disagreements, and promoted consensus among all parties of the SCO on the construction of the SCO Agricultural Base; On October 22, 2020, the SCO Agricultural Base was formally launched. The internal mechanism to advance the construction of the SCO Agricultural Base was established, and the platform framework system of the SCO Agricultural Base continued to be improved, releasing the core competence of the SCO Agricultural Base continuously.

Keywords: SCO; agricultural base; development process

杨凌示范区对上合组织农业基地的作用

杨凌示范区管委会

【内容提要】 杨凌是中国第一个农业高新技术产业示范区,承担上合组织农业基地建设具有得天独厚的优势,在推动基地建立和发展进程中发挥了重要作用。坚持区校融合,积聚了浓厚的农科教资源,成为引领旱区农业发展的重要力量,为基地技术交流提供有力的科技支撑;不断释放援外培训、农高会等对外开放活力,成为中国农业援外培训和国际农业交流的重要基地,为基地国际合作提供完善的平台支撑;全面提升国际示范引领效应,高标准创建农业科技示范园区和农业技术实训基地,为基地示范引领提供有效的载体支撑。发挥自贸片区、综合保税区优势,打造高质量贸易平台,服务"引进来""走出去",为基地贸易和产能合作提供强劲的动力支撑。

【关键词】 上合组织;杨凌示范区;农科教资源;上合组织农业基地;综合保税区;旱区农业;西北农林科技大学

杨凌是我国农耕文明的重要发祥地,是中国第一个农业高新技术产业示范区,承担上海合作组织农业技术交流培训示范基地建设任务具有得天独厚的优势,在推动基地建立和发展进程中发挥了重要作用。

一、农科教实力显著增强

1997年7月,党中央、国务院下发《国务院关于建立杨凌农业高新技术产业示范区及其实施方案的批复》,批准成立了国家杨凌农业高新技术产业示范区。25年来,杨凌承担着推动干旱半干旱地区农业现代化的使命,不断增强科技创新能力，大力推进科技成果产业化，已发展成为示范引领旱区农业现代化的重要力量。

驻区西北农林科技大学是国家"985工程"和"211工程"重点高校，首批入选国家"世界一流大学和一流学科"建设名单。杨凌职业技术学院是国家首批示范性高职院校，位列中国高职高专院校竞争力排行榜第十一位。区内聚集有70多个省部级以上科研平台和7000多名农业科教人才，是国内外农业科技资源要素最为富集的区域之一。特别是西北农林科技大学瞄准国际科技前沿，紧扣区域发展需要，积极开展面向农业生产实际的应用基础研究和应用技术研究，在农作物遗传育种与病虫害防治、水土保持与生态修复、旱区农业高效用水、经济林果育种与栽培、畜禽良种繁育与健康养殖、农业生物技术、设施农业工程、葡萄与葡萄酒等研究领域形成鲜明特色和优势。建校以来，累计获得各类科技成果6000余项，获奖成果1800余项。学校主导创建的小麦条锈病、赤霉病、吸浆虫等防控新体系全球领先，先后在肯尼亚、埃塞俄比亚、土耳其等发展中国家推广应用，年均挽回小麦损失30亿公斤。以黄土高原为代表的旱区生态保护模式，解决了世界水土保持的关键难题，为"一带一路"沿线国家现代农业发展提供了重要参考。这些都为上合组织农业基地的建设发展提供了强劲有力的科技支撑体系。

二、对外开放活力持续释放

2010年国务院下发《关于支持继续办好杨凌农业高新技术产业示范区若干政策的批复》，提出"以国际合作为重点，力争通过5年到10年的努力，使杨凌示范区发展成为国际农业科技合作的重要平台"。为全力推进"一带一路"现代农业合作，服务国家总体外交战略和农业对外开放，杨凌示范区先后与世界粮农组织、联合国环境保护署、欧盟、非盟等国际组织及60多个国家和地区建立了紧密的合作关系，实施国际合作项目120多个。杨凌农高会国际合作周累计举办了300余项国际交流合作活动，推动1000余项农业科技成果走向世界，打造了现代农业高端论坛、国际农业科技论坛、上合组织国家现代农业发展圆桌会等一系列的形式精彩、内涵丰富、实效突出的农业国际合作品牌活动，有力推动了杨凌与世界其他国家和地区的交流与合作。西北农林科技大学与112所国外大学开展科研和教育合作，实施联合培养项目31个，为70多个国家培养留学生2000余名。同美国、加拿大、日本、巴基斯坦等国家合作建立19个国际科研创新合作平台，率先发起成立丝绸之路农业教育科技创新联盟，已吸纳18个国家的95所大学和科研机构加盟，为国际农业发展提供重要智力支持。

作为中国旱作农业技术援外培训基地，杨凌累计开展面向发展中国家的农业技术援助培训项目130余期，为110多个国家培训了包括30位农业部长在内的农业官员和技术人员3300多人，杨凌已成为我国开展农业援外培训和国际农业交流合作的重要基地。这些都为上合组织农业基地落地建设和高质量发展源源不断地积聚了国际互信的正能量。

三、示范带动能力快速提升

近年来，杨凌示范区聚焦全面提升国际示范引领效应，持续推进境内外农业合作示范园区建设和上合组织农业技术实训基地创建，让杨凌智慧不再是"镜里观花"，成为看得见、摸得着、可借鉴、可复制的"中国方案"。基地与吉尔吉斯斯坦、乌兹别克斯坦、巴基斯坦等国合作建立了15个农业科技示范园区，开展农业多领域联合研究和示范推广，累计示范种植13大类120多个农作物品种，小麦亩产较当地品种增产最高达60%。围绕展示农业新技术、新设备、新模式创建农业技术实训基地20个（国内18个、国外2个），多层面展示农业新品种、新技术、新装备、新模式。这些都为上合组织农业基地完善示范功能提供了有效载体支撑。

从建立之日起，杨凌示范区就坚持一条思路干到底、一张蓝图绘到底，形成了大有可为的"杨凌模式"。围绕打通农业科技推广的"最后一公里"，推广新品种、新技术2700项，累计在全国18个省（直辖市、自治区）建成农业科技示范推广基地318个，年示范推广面积1亿亩，推广效益达到235亿元，数以亿计的农民从中受益。聚焦科技助力脱贫攻坚，完成了对陕西省内56个国定贫困县、秦巴山区75个国定贫困县、南疆四地州、西藏等地区的杨凌农业科技示范推广全覆盖，为我国决战决胜脱贫攻坚发挥了重要力量，为国际减贫事业树立了"中国样板"。乌兹别克斯坦已经效仿中国成立了经济发展与减贫部，并与中国国际扶贫中心正式签署减贫合作谅解备忘录。

四、产业融合效能日益显现

作为国家新型工业化产业示范基地、国家重点支持的五大高新区之一、全国面向亚太经合组织开放的十大工业园之一，杨凌示范区聚力打造高质量合作平台，不断拓展深层次国际贸易和产能合作。加拿大麦肯、美国科迪华、德国萨诺等80余家国际涉农企业投资杨凌，涵盖食品加工、现代种业、生物技术等多个行业领域。嘉禾药业、海斯夫生物、相信高科等外贸企业与美国、韩国、加拿大、日本等73个国家和地区进行贸易往来。在哈萨克斯坦、俄罗斯等丝路沿线国家设立三个境外投资贸易促进服务中心，组建丝绸之路经济带农业企业创新合作联盟，推动爱菊粮油、知君菌业、乐达生物、秦川节水等企业在"一带一路"沿线国家开展项目合作。示范区进出口总额"十三五"期间达到36.7亿元，出口额年均增长50%。

与此同时，杨凌示范区积极发挥杨凌自贸片区"试验田"作用，依托综保区，规划建设种质资源保税研发园、跨境电商产业园和设施农业装备及农业生产资料展示交易中心等合作平台，为基地开展与上合组织国家的农业产能合作提供了支撑保障。成立经贸投资促进中心，跨境商品展示交易中心等，与上合组织国家贸易往来进一步畅通。这些都为上合农业基地实现高质量发展增添了动能，积蓄了势能。

新时代新征程，杨凌示范区将切实贯彻落实习近平主席的重大倡议，严格按照《上海合作组织农业技术交流培训示范基地建设方案》有关内容，保持定力、深挖潜力、持续发力、增强动力，坚持抓载体建平台，抓项目促发展，以更加务实的姿态推动开创上合农业合作新篇章。

Роль показательной зоны Янлин в создании сельскохозяйственной базы ШОС

Управляющий комитет показательной зоны Янлин

Аннотация: Янлин–место, где находится первая в Китае показательная зона сельскохозяйственной высокой новой технологической промышленности. Здесь имеются уникальные преимущества для строительства сельскохозяйственной базы ШОС. Объединяясь с университетами, привлекая агронаучные и образовательные ресурсы, янлинская показательная зона стала ведущей силой для сельскохозяйственного развития засушливых районов и обеспечения технической поддержки аграрной базы ШОС. Являясь важной организацией по международным обменам и обучению в аграрной сфере, Янлинская показательная зона постоянно проводит образовательные курсы и научные конференции высокого уровня. Зона расширяет сферу деятельности, повышает эффективность работы, создает качественные платформы для свободной торговли, предоставляя услуги предприятиям для выхода на международный рынок.

Ключевые слова: ШОС; Янлинская показательная зона; агронаучные и образовательные ресурсы; демонстрационная база ШОС по обмену и обучению аграрным технологиям; комплексная бондовая зона; сельское хозяйство в засушливых районах; Северо–Западный университет сельского и лесного хозяйства

The Effect of Yangling Demonstration Zone on SCO Agricultural Base

Management Committee of Yangling Demonstration Zone

Abstract: Yangling Demonstration Zone, which is the abbreviation for China's first agricultural high-tech industry demonstration zone, has the unique advantages in undertaking the construction of the SCO's Agricultural Base, therefore it has played an important role in promoting the establishment and development of the base. Insisting on the integration of the zone and universities, Yangling Demonstration Zone has accumulated strong resources of agricultural science and education and become an important force to lead agricultural development in arid areas, providing strong scientific and technological support for technical exchange of the agricultural base. It has continuously released the vitality of brand events such as foreign aid training and China Yangling Agricultural Hi-Tech Fair, and become an important base for China's agricultural aid training and international agricultural exchange, providing perfect platform support for international cooperation of the SCO Agricultural Base. The construction of agricultural science and technology Demonstration Park and agricultural technology training base with high standards has comprehensively improved the leading effect of international demonstration, providing effective carrier support for the demonstration and leading role of the SCO base. It has built high-quality trade platform for bringing in and going out, by giving full play to the advantages of free trade area and comprehensive bonded area, providing dynamic support for trade and production capacity cooperation of the SCO Agricultural Base.

Keywords: SCO; Yangling Demonstration Zone; agricultural science and educational resources; SCO Agricultural Base; comprehensive bonded zone; arid area agriculture; Northwest Agriculture and Forestry University

上合组织农业基地建设基本经验

杨凌示范区管委会

【内容提要】 农业合作是上合组织框架下优先合作方向，杨凌示范区围绕履行"建设'一带一路'现代农业国际合作中心"的国家使命，在研判上合组织国家自然资源禀赋和农业国际合作的基础上提出了上海合作组织农业技术交流培训示范基地的创想。在吃透国际规则，坚持磋商的基础上，多措并举推动基地倡议在杨凌示范区成功落地，成为上合组织首个共商共建共享的农业合作平台。在推动基地建设的过程中推动组建了部、省、区三级组织领导机构，形成了部省联动，协同推进的工作格局，高效有力地推动各项任务落地落实。聚焦"交流、培训、示范"核心功能，充分调动各领域资源力量参与建设基地，有效促进了地区国家间农业技术交流，提供了涉农培训的公共服务产品，强化了中国农业技术示范引领作用，拓展了基地与上合组织国家间的农业产能合作。

【关键词】 上合组织；农业合作；基本经验；上合组织农业基地；农业科技

农业合作是上合组织框架下优先合作方向。习近平主席提出设立上海合作组织农业技术交流培训示范基地，引起了上合组织国家的极大关注，得到了各国的积极响应。三年来，杨凌示范区围绕习近平主席的重要倡议，主动服务国家农业开放布局，高质量、高标准推进基地建设，开展了一系列卓有成效的工作，积累了敦本务实的发展经验。

一、积极响应国家对外开放大局，谋定而动

杨凌示范区农科教资源富集，常年开展农业国际交流合作，是享誉中外的"农科城"。在农业合作成为重要话题的国际大背景下，杨凌示范区积极推进"'一带一路'现代农业国际合作中心"建设。随着《上海合作组织粮食安全合作纲要》的签署，上合组织成员国对农业领域的合作意愿不断强化。杨凌示范区在积极研判上合组织成员国自然资源禀赋、充分总结旱作农业技术经验积累的基础上，认真研究分析，积极筹划，提出了建设"上海合作组织农业技术交流培训示范基地"的创想，并主动向外交部、农业农村部进行汇报。2019年6月，习近平主席在上合组织成员国元首理事会第十九次会议上正式宣布了这一倡议。

二、坚持国际合作价值导向，奋力而争

杨凌示范区以正确义利观为导向，谋求助推上合组织国家加快发展，共享开放发展的机遇和成果。一方面，按照上合组织基本原则，吃透国际规则，完善上合组织农业基地的法律和技术文件，积极答复上合组织的各方关切。另一方面，坚持恪守互利共赢原则，面向上合组织国家提供力所能及的帮助，重视和照顾相关国家的利益需求，不断优化基地方案，与有关国家磋商沟通，多措并举推动各国达成共识。2020年10月21日，在第五次上合组织成员国农业部长会议上，农业农村部张桃林副部长向会议提交介绍了《建设上海合作组织农业技术交流培训示范基地建设倡议》，基地于会议后的第二天2020年10月22日在陕西杨凌正式揭牌运行。2021年8月12日，第六次上合组织成员国农业部长会议审议批准了《上海合作组织农业技术交流培训示范基地建设框架构想》，基地履行完成了上合组织法定程序，成功确立了上合组织框架下首个共商共建共享的多边农业合作平台地位。

三、全面协调一切有利工作资源，和合而为

及时主动向省委、省政府和外交部、农业农村部等部委汇报上合组织农业基地建设思路和进展情况，推动组建了由农业农村部为总召集人单位，外交部、科技部、陕西省政府为召集人单位，发展改革委、教育部、财政部、商务部、国际发展合作署为成员的国家层面基地建设协调机制，研究基地建设重大问题。在省内推动成立了由省政府主要领导为组长，省委、省政府分管领导为副组长，23个厅局单位为成员的省级层面基地建设领导小组，研究基地建设有关工作。杨凌示范区成立了基地建设专班，组建了工作办公室，全力以赴抓落实，形成了部省联动、协同推进的工作机制。基地建设成功纳入国家、部委和陕西省相关"十四五"规划，有关政策、项目等要素不断向基地汇聚。

四、精准聚焦民生互惠务实发展，全力而行

围绕"以科技支撑引领旱区现代农业发展的重要使命"，近年来，杨凌示范区立足上合组织国家农业发展实际，主动谋划，积极作为，努力搭建了上合组织现代农业发展圆桌会议等高层次多边对话机制性平台，面向上合组织国家提供了农业技术培训、扶贫专项培训等农业领域公共服务产品。三年来，共举办农业国际培训班9期，400余名农业官员和技术人员参加，培训规模位居全国前列。创新农业科技示范推广模式，先后建成中哈、中吉等10多个农业国际合作园区，设立20个境内外农业技术实训基地。创新叠加"上合组织农业基地+自贸区+综保区"优势，发展转口贸易、保税加工贸易等业务，依托中欧班列长安号，积极推动开通"莫斯科—陕西"农产品和食品专列并常态化运行，进一步畅通了与上合组织国家的农业经贸渠道。种业、节水、动植物病虫害防治等中国在现代农业发展方面的技术、经验、模式通过智库成果报告、对外援助项目、国际合作平台等渠道不断走出国门，得到了包括上合组织国家在内的广大发展中国家的赞誉，旱作农业"中国方案"深入人心、惠及民生。

Основной опыт создания сельскохозяйственной базы ШОС

Управляющий комитет показательной зоны Янлин

Аннотация: Сотрудничество в области сельского хозяйства является приоритетным направлением сотрудничества в рамках ШОС. Для выполнения миссии создания международного центра современного сельского хозяйства показательная зона Янлин изучила природные условия стран–членов ШОС и разработала идейный проект по созданию демонстрационной базы ШОС по обмену и обучению аграрным технологиям. Благодаря добросовестной работе над международными правилами, путем консультаций между сторонами, объединенными усилиями участников, проект по инициативе руководителя нашей страны о строительстве сельскохозяйственной базы ШОС был запущен в Янлинской показательной зоне. Данная база стала первой платформой сельскохозяйственного сотрудничества, основанной на принципах совместных консультаций, строительства и использования. В Базе сложилась трехуровневая организационная система руководства (на уровне министерств, провинций и районов), способствующая качественному и эффективному выполнению распоряжений и задач. В строгом соответствии с основными функциями–«обмены, обучение и показ», демонстрационная база способна в полной мере мобилизовать ресурсы в различных областях для участия в строительстве данного проекта, эффективно продвигать обмен сельскохозяйственными технологиями между странами региона, предоставлять продукты общественного обслуживания для сельскохозяйственного обучения, укреплять ведущую роль Китая в распространении сельскохозяйственных технологий и расширять сотрудничество между странами ШОС.

Ключевые слова: ШОС; сотрудничество в области сельского хозяйства; основной опыт; демонстрационная база ШОС по обмену и обучению аграрным технологиям; сельскохозяйственные технологии

Basic Experiences in the Construction of the SCO Agricultural Base

Management Committee of Yangling Demonstration Zone

Abstract: Agricultural cooperation is a priority area of cooperation within the framework of the SCO. Yangling Demonstration Zone, in fulfilling the national mission of "building the center for international cooperation on modern agriculture along the 'Belt and Road' routes", put forward the creative idea of establishing the SCO Demonstration Base for Agricultural Technology Exchange and Training on the basis of assessing the natural resource endowment of SCO countries and agricultural international cooperation. By fully grasping international rules and adhering to consultations, Yangling Demonstration Zone has taken multiple measures, which has led to the adoption of the proposal of establish an SCO agricultural demonstration base in the Yangling Demonstration Zone. The SCO Demonstration Base for Agricultural Technology Exchange and Training has become the first agricultural cooperation platform jointly built and shared by the SCO. In advancing the construction of the base, the governing bodies of the organization have been set up at the ministerial, provincial and district levels. The coordination between the provincial and ministerial authorities has promoted the implementation of various tasks in an effective and forceful way. Placing focus on the core functions of "exchange, training and demonstration", and fully mobilizing resources in various fields to participate in the construction of the base, the SCO Agricultural Base has effectively promoted agricultural technology exchange between regional countries, provided public service products related to agricultural training, strengthened the demonstration and leading role of China's agricultural technology, and expanded agricultural production capacity cooperation between the base and the SCO countries.

Keywords: SCO; agricultural cooperation; basic experience; SCO Agricultural Base; agricultural technology

第四章

上海合作组织农业技术交流培训示范基地：方向和目标

Глава 4. База ШОС по обмену и обучению аграрным технологиям: направление и цель

Chapter IV: SCO Demonstration Base for Agricultural Technology Exchange and Training: Direction and Objective

上合组织农业发展面临的
新形势、新任务

魏 凤

【内容提要】在全球粮食安全问题愈发严重的背景下，整体把握上合组织农业发展面临的新形势和新任务对制订农业发展计划、共同应对粮食危机具有重要指导作用。本章梳理了当前上合组织农业发展面临的新形势包括生物技术运用于动植物育种和资源节约领域，为农业发展带来新突破；智慧农业运用于育种、生产经营等环节引领农业未来；传播生态农业理念、科学开发资源，促进生态农业成为农业发展潮流；完善合作机制、拓宽合作领域和通过农业投资、技术交流、产业合作区建设等多种形式加强合作。在认清新形势基础上，提出上合组织未来农业发展的新任务，包括通过加强国际和组织内部粮食合作，促进粮食信息共享等途径提升成员国粮食合作能力；通过推广绿色生产技术，实施土壤污染防治行动计划，加大绿色农业政策支持力度和培育农业绿色交易市场等方式发展绿色可持续农业；通过强化顶层设计，加大科技合作力度，增强科技人才交流和促进科技成果共享等路径推动农业科技创新发展；通过探讨新型材料运用，促进农业与微生物学融合发展，提高科技投入和加大基因技术编辑作物力度等方式强化农业跨领域融合。

【关键词】生物技术；智慧农业；生态农业；科技创新；基因修饰

【作者简介】魏凤，西北农林科技大学哈萨克斯坦研究中心主任，教授，博士生导师。

受气候变化、新冠肺炎疫情、区域冲突、逆全球化等诸多不确定性因素影响，全球粮食安全问题愈发凸显，促使国际组织必须加大推动农业发展力度，以确保各国粮食安全。作为全球最大的区域性国际组织，上海合作组织（以下简称"上合组织"）具有发展农业的突出优势，应充分认清当前农业发展面临的新形势、新任务，确定新时期上合组织农业发展的方向和目标，努力为保障全球粮食安全作出表率。

一、上合组织农业发展面临的新形势

上合组织国家农业资源禀赋较高，但近年来受耕地资源质量下降、水资源退化、气候变化等因素影响，地区农业发展受到明显制约。为化解诸多不利因素，上合组织面临向生物技术、智慧农业、生态农业方向转型的新形势，同时，加强成员国间的合作亦是大势所趋。

（一）生物技术将为农业发展带来新突破

20世纪以来，科学技术突飞猛进，发挥了巨大渗透和强大先导作用，尤其生物技术运用到农业领域，改变了农业原有生产的技术路线，丰富了农业产业经营的内容和形式，并将会对农业带来重大突破。目前，农业生物技术作为一项高新技术产业在发达国家业已形成，并处于一个高速发展时期。生物技术在一定程度上推动了农业与生物产业共享技术资源，使得农业与非农业之间横向和纵向新型产业关系得以建立，尤其当前传统的高产低效农业模式严重破坏环境与生态，已经难以为继，需要通过生物技术与动植物育种、栽培养殖等相结合加强技术攻关，培育出周期短、产品质量好的绿色安全农产品。

一是植物生物技术的应用。随着生物技术的发展，尤其是分子生物学和基因组研究的迅速发展，为品质改良开辟了一条崭新的途径，应用生物技术可以培育出优质、高产、抗病虫、抗逆的植物新品种。在植物种质资源与现代育种科技领域，坚持开发基于基因组信息的关键生物技术，构建功能植物的产品研发创新体系，为农业生产的可持续发展提供科技支撑。

二是动物生物技术的应用。和植物生物技术相似，动物生物技术通过研究动物遗传规律、探究动物生长发育机理，应用现代生物技术改良遗传性状、培育新品种、创造新种质。在动物种质资源与现代育种科技领域，将主要利用系统生物学、基因工程等生命科学和生物技术多学科的交叉融合研究手段，采用重大产品导向的研发战略，发展健康可持续发展的畜禽水产业。

三是生物技术在资源节约领域的应用。应用生物技术可以进行再生能源的利用，解决能源短缺问题；可以扩大食饲料、药品等来源，满足人类日益增长的需要；可以进行无废物的良性循环，减少环境污染，充分利用各种资源等。在资源节约型农业科技领域，深入研究水分养分、人工辅助能源高效利用机制和途径，全面建立节地型农业、节水型农业和节肥节能型农业三大生产技术体系，实现农业生产力的持续提升和资源的持续利用。

（二）智慧农业将引领农业未来

目前，云计算、物联网、大数据等新兴技术运用于农业生产、加工、运输到电商销售等产业链环节，使得农业生产过程更加智能，农业传感数据更加多样，农业监测预警更加精准。智慧农业的诞生，将极大地提升农业生产的可靠性和效率，在保障农业可持续发展的同时，有效促进农业信息化从传统的数字化到网络化再到智能化的发展。未来智慧农业的发展趋势将更多体现在育种、生产等多环节。

一是智能设计育种打造现代农业新"芯片"。种业一直以来被誉为现代农业的芯片，已成为世界各国争相抢占的农业科技制高点。而当前机器学习、基因编辑、全基因组选择及合成生物学等前沿科技的创新发展已引领国际种业巨头强势进入智能设计育种时代，使得育种周期明显缩短、成本显著降低、效率显著提高。

二是智慧农业用于生产经营环节。机器学习、区块链、物联网等信息科学在智慧农场、智能温室等具体农业生产场景下集成应用，使得管理者能够精准感知农业信息、科学量化决策、智能控制农业机械设备及精准控制投入，不仅很大程度提升了农产品的质量以及生产效率，还推动了农业的可持续发展。

(三)生态农业将成为农业发展的潮流

当前,由于过度施用化肥、农药造成土壤污染,焚烧秸秆造成大气污染和土壤氮、磷、钾缺失,畜禽粪便大量排放造成水体污染,温室农业产生的塑料等废弃物对环境造成污染,使得发展生态农业成为必然趋势。生态农业不仅能应对当前粮食安全、气候变化及温室气体排放等三重挑战,还能以其优化的资源投入、绿色的生产过程、高效益产出等优势实现农村社会经济效益和生态效益的综合发展,在不破坏生态环境的前提下提高农业产品的市场竞争力。未来,上合组织将通过传播生态农业理念、科学开发资源等促进生态农业转型,推进各国甚至全球的农业可持续发展,不断造福人类。

一是传播生态农业理念。在上合组织内传播生态农业理念,使各国民众正确认识其要点和意义,有利于营造农业生态保护和建设的良好社会氛围,发动群众参与生态农业环境建设,推动生态农业的健康发展;此外,生态农业理念的传播过程也有利于促进各国相互交流与学习,推动位于前端生态技术的广泛应用,加快生态农业发展的进程。

二是科学开发农业资源、遏制生态破坏。合理利用农业资源,改变单一的生产经营模式,以更为清洁、环保的新型耕种途径,逐步取代农药、化肥的滥用,既能有效提高粮食作物的产量,又有助于恢复土壤的生产能力、遏制土地盐碱化与沙化趋势的蔓延,形成绿色、可循环、高效率的现代化运营机制。这无疑顺应了时代发展潮流,能推动农村社会生产生活模式的科学化转型和可持续发展。

(四)合作将向着机制完善化和领域新兴化的方向发展

上合组织成员国间的农业资源禀赋差异明显,合作互补性强,具有广阔的前景。为积极推动成员国间的农业合作,挖掘合作潜力,应完善农业多边合作机制并拓宽合作领域。农业合作机制的建立与完善有利于推动上合组织成员国在农产品贸易、农业科技等领域的合作,使成员国间的合作关系更为紧密。合作领域的拓展与创新有利于维护成员国间的合作秩序,提高合作效率并促进成果共享,推动各国全面发展。为进一步加强合作,完善合作机制和促进合作领域新兴化成为上合组织面临的主要任务之一。

一是完善合作机制。自2010年开始，上合组织通过定期召开农业部长会议的方式专门讨论成员国农业合作问题，到2021年已成功举办六届，在促进农业合作方面取得丰硕成果，签署了一系列农业合作协议，并建立了多个农业合作机制。未来上合组织将在此基础上进一步完善双边和多边合作机制，强化政府间条法磋商，加快商签双边合作协定，加强政府间交流协调，加强投资保护、金融、税收、通关、检验检疫、人员往来等方面合作，促进企业实践与政府服务有效对接，为开展上合组织农业发展创造更佳环境、争取更好条件。

二是拓展农业合作领域。上合组织成员国在传统农业合作领域不断强化的基础上，在电子商务、数字经济等新兴行业的合作也迅速展开，这些新兴行业在不断发展的同时也拉动了对传统行业的升级改造。跨境电商的快速发展促进了农产品、纺织品、小家电等传统贸易、边境贸易的发展，并加强了"互联网+边境贸易"等新型高效合作模式的探索；数字经济在帮助上合组织成员国抗击新冠肺炎疫情及推动经济社会恢复等方面发挥了重要作用，同时推动了成员国传统农业向数字化、网络化、智能化发展，为成员国间的数字经济合作提供了重要途径。因此，电子商务和数字经济等新兴领域将成为上合成员国合作的重要方向之一。

（五）合作形式将更加多样化并进一步深化

多样化的合作形式有利于充分发挥上合组织各国的农业优势，激发合作潜力，对增进成员国间相互了解与友谊具有重要意义。此外，进一步深化各国农业合作，有助于促进农产品双向流通、产业双向投资、企业集群发展，更有利于推进世界农业发展，保障全球粮食安全和消除贫困。因形势所需，未来上合组织成员国间的农业合作将进一步增加合作形式、深化合作内容，在农业投资、技术交流、产业合作区建立等方面通力合作，实现资源共享互通。

第一，农业投资是充分利用国内国外两个市场、两种资源的重要途径，有利于重新配置各国资源，提高资源利用效率，助推被投资国生产水平的提高。以中国为例，当前中国在中亚地区投资耕地面积总计为21,909

公顷，并建立了配套农业科技园区用以发展境外农业，如小麦、大豆种植、畜牧养殖等，不仅为当地创造了400余个工作岗位，还对当地3000余名农业技术人员进行培训，这将有利于当地农业技术发展和生产水平的提高。

第二，农业技术交流能够有效提升各成员国的生产能力，使农地生产效率得到有效提高。例如，中国新疆天业集团基于引进巴基斯坦较为先进的节水灌溉系统开发了一套引领世界的农业节水技术系统，使中国成为与以色列等节水灌溉强国具有竞争力的国家；哈萨克斯坦借助中国技术和资金，培育有较高产量和抗病虫害能力的马铃薯新品种和亩产达到319公斤的冬小麦，比当地小麦品种平均亩产高出144公斤。

第三，农业产业合作区已成为各国农业合作的重要载体，有利于增进成员国间的互信度，实现战略对接与优势互补。此外，产业合作区的发展一方面减少了企业海外投资风险、优化资源、降低成本、延伸产业价值链，为各国本土企业转型升级提供了空间；另一方面能为东道国带来就业、收入增长和技术辐射效应，助推经济振兴。

二、上合组织农业发展面临的新任务

面对新形势，站在新的历史起点上，上合组织肩负着粮食生产合作、绿色可持续农业、农业科技创新、农业跨领域融合等多方面的新任务。

（一）提升粮食生产合作能力

在气候变化、疫情持续、区域冲突的多重打击下，各粮食出口国先后采取了不同程度的粮食出口限制措施，例如印度限制了小麦、面粉、大米的出口量，柬埔寨和埃及也公布了大米出口禁令，由此对世界粮食安全带来的威胁需时刻警惕。因此，为保障上合组织国家的粮食安全，特别是供应链对人们获取安全营养食品的影响，应提升各成员国的粮食生产合作能力。第一，加强粮食国际合作。围绕粮食的生产、加工、储藏、运输、贸易等环节，增强上合组织与联合国粮农组织、世界粮食计划署、欧亚经济联盟、亚太经合组织等国际组织在粮食领域的合作对接，推动各国形成粮食安全治理共识。第二，加强组织内部粮食合作。各国农业监管部门进一步强化粮食检验检疫安全领域的合作，保证粮食产品的贸易物流畅通。此外，推动成员国开展上合组织粮食产品运输走廊和路线合作，确保紧急情况下的组织内部粮食优先调配。推动建立上合组织粮食减损合作机制，围绕粮食减损环节加强技术、工艺、装备等方面的联合研发。第三，促进粮食信息共享。增强各国粮农间的互联沟通，推进粮农信息系统建设，在自愿的基础上，加强粮食生产经验、知识分享，尤其是针对粮食育种环节，采用最新的选育方法培育高产、高质的粮食作物品种，并将培育成果在组织内推广应用。

（二）发展绿色可持续农业

当前，资源约束和农业环境污染已成为制约各国未来农业可持续发展的重要因素，为应对挑战，各国应坚持绿色可持续的发展理念。第一，推广优质高效的绿色生产技术。应将传统农业生产技术和现代农业技术进行有机地融合，体现绿色生产技术的"低耗能""少污染""高产出"的特点。还要注重对选育优良品种、应用先进设施、开发多样功能、配套高优技术、产品加工提质等环节的把控。第二，全面实施土壤污染防治行动计划。强化土壤污染管控和修复，进一步提升肥料、农药利用率，减少资源浪费，研发和生产高效、环保、安全的新型肥料和高效、低毒、低残留农药，实现减肥减药目标。第三，加大绿色农业政策支持力度。各成员国不仅应提高农业环境改善与生态环境保护的支持力度，而且应探索农业生产与环境保护直接挂钩的补贴机制，提升废弃物处理、田间施肥、田间用药等环节的科学性，建立农业生产资料使用与回收的机制，尤其在生态脆弱地区，要推动耕地资源与水资源合理利用相关政策的落地。第四，培育农业绿色交易市场。针对农业排污权、水权、碳交易等领域，尝试建立统一的绿色交易平台，完善基本交易体系和配套制度，鼓励组织内部如社会团体、行业协会、基金等社会力量参与政策的制定，逐步扩大交易覆盖范围，包括国家、行业、交易对象等。

（三）推动农业科技创新发展

当前上合组织在农业科技创新发展领域面临的主要任务是：以科技成

果促进经济社会发展，扩大各方科技领域合作，加强高水平创新型技术和管理人才培养的合作，促进科研和创新基础设施发展。为此，需要利用科学技术提升各国农业要素禀赋价值。第一，强化顶层设计。制定上合组织农业科技创新国际合作纲领性文件，完善各国科技创新跨部门、跨地区、跨单位的沟通协商、资源配置、对外联络等机制。第二，加大科技合作力度。深化上合组织成员国政府间的科技合作交流对话，增加国际农业科技创新专项的数量与经费，加强上合组织农业国际合作示范基地、农业科技园区建设，应对迫切需求，通过共建联合实验室、开展重大科技攻关等举措形成一批有影响力的科技创新合作项目。第三，增强科技人才交流。搭建人才交流合作平台，通过设立上合组织农业科技人才交流基金项目，增进各国科技领域人才的交流互访。第四，促进科技成果共享。上合组织既要在政策层面鼓励支持构建科技转化平台，也要充分发挥市场规律，为企业与科研机构的农业科技成果转化提供专业化的信息技术服务，破除沟通交流障碍。进而充分发挥各成员国的科技优势、基础设施优势、信息资源优势、科技成果优势、人才资源优势，建立上合组织科技资源共享平台，促进科技成果共享。

（四）强化上合组织农业跨领域融合

未来农业是多技术融合、多因素驱动创新的时代，强调的就是农业跨领域发挥的重要作用，因此上合组织的未来农业发展应加强与材料学、微生物学、大数据、人工智能、机器学习、基因编辑等领域的融合。第一，在农业与材料学的融合发展过程中，应以新型材料在农业加工制造、农业节能减排、农业基础设施的应用为切入点，探讨新时期材料学在上合组织农业发展中的新趋势、新技术、新应用。第二，在农业与微生物学的融合发展过程中，可以以微生物学为纽带，通过对农业废弃物的处理、沼气发酵、食用菌化和饲料化的处理，将农业中的种植业、养殖业与居民生活联系起来，在改善生态环境的同时促进农业发展。第三，在农业与大数据、人工智能等领域融合发展过程中，应着重提高科技投入，针对不同的农业生产环节、生产环境研发先进的无人农业技术设备，此外，依托大数据，上合组织也应发展农业物联网技术，将智能农业设备、人和各智能终端相连，实时感知农作物的生长状态、机械作业状态，保障流程的精准化。第四，在农业与基因技术的融合发展过程中，可以进一步加大基因技术编辑作物的力度，例如当前的高产水稻、抗病小麦、耐储存的大豆等作物的出现极大保障了全球的粮食安全，因此可以将有益的基因修饰引入适合于不同环境的品种，以此为上合组织成员国的粮食安全提供保障。

Новые условия и задачи для базы ШОС по обмену и обучению аграрным технологиям

Вэй Фэн

Аннотация: В контексте все более серьезных проблем по продовольственной безопасности важно определить новые тенденции и задачи развития сельского хозяйства ШОС в целом, что имеет направляющее значение для разработки программы по развитию сельского хозяйства и для совместного ответа на продовольственный кризис. В данной главе рассматривается сельскохозяйственное развитие ШОС в текущей ситуации, в частности, в области селекции животных и растений и экономии ресурсов, благодаря применению биотехнологий, наметились новые прорывы в развитии сельского хозяйства, с применением модели «умного села» в селекции и производстве были намечены новые перспективы для сельского хозяйства. Ныне распространение экологических сельскохозяйственных концепций, научная разработка ресурсов и продвижение экологического сельского хозяйства становятся тенденцией развития сельского хозяйства в целом. В связи с этим необходимо улучшать механизмы сотрудничества, расширять области взаимодействия и укреплять сотрудничество в различных сферах, таких как инвестиции в сельское хозяйство, технические обмены и создание зоны промышленного сотрудничества. Новая ситуация предполагает новые концепции и методы по решению задачи сельскохозяйственного развития ШОС, в том числе наращивание потенциала продовольственной кооперации между государствами–членами за счет укрепления международного и внутриорганизационного продовольственного сотрудничества и содействия обмену продовольственной информацией, продвижение технологий зеленого производства и внедрение технологий по предотвращению и контролю загрязнения почвы. Необходима политическая поддержка сельского хозяйства, культивирование зеленого аграрного рынка, обеспечение устойчивого развития зеленого сельского хозяйства. Следует содействовать инновационному развитию аграрной науки и техники путем проектирования на высшем уровне, расширению научно–технического сотрудничества, увеличению обмена научными и техническими достижениями и их совместному использованию. Предлагается укреплять межотраслевую интеграцию сельского хозяйства путем возможного применения новых материалов, способствовать комплексному развитию сельского хозяйства и применению микробиологии, увеличивать инвестиции в науку и технику и прилагать усилия к совершенствованию сельскохозяйственных культур с помощью генных технологий.

Ключевые слова: Биотехнология; умное сельское хозяйсиво; экологическое сельское хозяйсиво; научно–технические инновации; ген–модификатор

Об авторе: Вэй Фэн, директор центра по исследованию Казахстана при Северо–западном научно–техническом университете, профессор, научный руководитель докторантуры.

New Situation and New Tasks of SCO Agricultural Development

Wei Feng

Abstract: Against the increasing severity of global food security problems, an overall understanding of the new situation and new tasks facing the SCO agricultural development plays an important role in formulating agricultural development plans and jointly dealing with food crisis. This chapter sorts out the new situation facing the agricultural development of the SCO at present, including the application of biotechnology in the field of animal and plant breeding and resource saving, bringing new breakthrough to agricultural development; smart agriculture is applied in breeding, production and business operation to lead the agricultural future; spreading the concept of eco-agriculture and exploiting resources scientifically, to facilitate the development of the trend of eco-agriculture; improving cooperation mechanism, broadening cooperation field and strengthening cooperation through agricultural investment, technical exchange and establishment of industrial cooperation zones. On the basis of understanding the new situation, new tasks for future agricultural development of the SCO are proposed, including enhancing the food cooperation capability of the member countries by way of strengthening food cooperation among international organizations and promoting food information sharing; developing green sustainable agriculture by promoting green production technologies, implementing action plans for soil pollution prevention and control, increasing support for green agriculture policies and fostering green trading markets for agriculture; promoting the development of agricultural science and technology innovation through strengthening top-level design, strengthening scientific and technological cooperation, enhancing the exchange of scientific and technological talents and promoting the sharing of scientific and technological achievements; consolidating the interdisciplinary integration of agriculture by exploring the application of new materials, promoting the integration and development of agriculture and microbiology, increasing investment in science and technology and increasing the editing of crops by gene technology.

Keywords: biotechnology; smart agriculture; eco-agriculture; technological innovation; genetic modification

Author: Wei Feng, Director of Center of Kazakh Studies, Professor and Doctoral Supervisor at Northwest Agriculture and Forestry University.

上合组织农业培训面临的新机遇、新挑战

邱仲潘　王鹏举

【内容提要】上海合作组织农业技术交流培训示范基地是根据习近平主席在上海合作组织成员国元首理事会第十九次会议上的倡议设立的。基地立足上合组织国家农业资源优势和未来发展方向，努力建设面向上合组织国家的国际农业合作交流平台，联合企业提供全产业农业培训，输出技术、标准，提升上合国家农业和涉农产业发展水平。中国在农业新技术、新产品推广及农机具等方面具有国际领先能力，在上合组织框架内展开农业培训，高质量推广技术、标准，有利于各国学习借鉴新技术、新工艺，加强农业科技、信息交流，提高农业发展质量，推动建设区域性产业链、供应链，并通过培训交流加强各国交往，促进不同文明间的互动了解，构建相互信任的信用体系。面对全球粮食危机，基地应充分利用上合组织机制，拓展农业培训内涵，传播增产增效的农业品种和技术，提高各成员国农业优势资源配置和使用效率，保障各国粮食安全，增进成员国间的紧密合作关系。面对上合组织国家普遍面临的传统农村贫困和社会转型问题，可以积极推广中国精准扶贫的理念、模式和经验，结合各国具体情况，选择合适的培训内容和培训方式，推进传统农业融合第二第三产业深化发展，促进乡村产业发展和乡村增收，以消减贫困，实现社会转型和可持续发展。

【关键词】农业培训；上合组织；农业技术；乡村人口；农村贫困；精准扶贫；农业增加值占比

【作者简介】邱仲潘，厦门大学信息学院副教授；王鹏举，厦门大学信息学院助教。

农业是上合组织成员国国民经济的基础，农业合作是上合组织经济合作的优先方向。随着上合组织国家发展战略与"一带一路"倡议有效对接，中国与上合组织成员国在农业领域的合作不断深入。2021年上海合作组织农业技术交流培训示范基地（简称"上合组织农业基地"）正式揭牌后，上合组织农业培训迎来一个崭新阶段，面临新的形势和任务。

一、培训对上合组织农业发展和农业合作的重要性

（一）落实习近平主席倡议，推动上合组织农业合作与发展

2019年6月，习近平主席在上合组织成员国元首理事会第十九次会议上提出在中方愿在陕西省设立上海合作组织农业技术交流培训示范基地的倡议，得到上合组织成员国的积极支持，并在2021年成为唯一被冠以"上合组织"的地方多边合作平台。培训是落实习近平主席加强同地区国家现代农业领域合作倡议的主要内容。基地立足上合组织国家农业资源优势和未来发展方向，努力建设面向上合组织国家的国际农业合作交流平台，致力于通过培训提高农业发展质量、保障粮食安全、培育相关产业、构建互利共赢的产业链体系。为此，基地不断整合杨凌示范区旱作农业援外培训基地、西北农林科技大学农业对外合作科技支撑和人才培训基地、丝绸之路农业教育科技创新联盟等农业人才教育培训平台资源，针对政策、管理、技术等不同领域设计配套课程，完善教学安排及实践活动，利用上合组织国家农业技术交流服务云平台等网络教学平台积极展开线上培训。

在新冠肺炎疫情压力下，基地农业培训仍然取得可观成果。2021年全年举办面向上合组织国家的援外培训8期，吸引330多名农业官员和技术人员参加培训和交流；开展面向上合组织国家的农业技术远程培训16期，教学视频点击量突破17,000次；农业技术实训基地成功挂牌20家，开展"云参观""云交流"7次。

（二）高质量推广技术和标准，全面促进上合组织农业合作与发展

中国在农业新技术、新产品推广及农机具等方面具有国际领先能力，在上合组织框架内开展高质量农业培训，通过基地向外输出新技术、新产品及农业标准，有利于各国学习借鉴新技术、新工艺，加强农业科技、信息交流，提高农业发展质量，推动建设区域性产业链、供应链。

从产业角度看，技术和标准需要经历市场检验。企业对市场有充分的认识，能够基于自身发展需要，选择出贴近市场需求的农业技术和创新方向，进而通过培训传播农业技术，加速技术转移的同时获取市场和利润。中国农业企业发展水平远不及世界农业巨头，还没有积累起足够的资源，展开全方位研发。因此，还需要农业科研部门与企业深化合作，进行技术、标准输出前的调研和输出后的反馈，夯实支撑技术、标准的相关产业，提升农业产品研发的速度和精度。

从文化角度看，技术与标准相对中立，农业科技培训以实用性和客观性见长，可以相对独立于文化特性，培训的方式方法则或多或少与文化有所联系，加之农业培训涉及面广，上至政府下至普通农民，文化的影响力更不可忽视。因此，农业培训，尤其是标准相关的培训，势必伴随着深入的交往。在互利共赢的大原则下，这些交往有助于推进不同文明间的文化交流，促进广泛的互动了解，构建相互信任的信用体系。

二、上合组织农业培训面临的形势

（一）乌克兰危机与全球粮食危机

俄罗斯和乌克兰是全球小麦和玉米出口大国，数据显示，乌克兰危机发生之前，两国小麦出口合计在全球占比近30%。乌克兰危机发生以后，乌克兰农业生产、贸易受到严重影响，而美国为主的多个西方国家对俄罗斯实施全方位制裁，使俄罗斯农产品和农用品（化肥为主）难以进入国际市场。两国粮食出口受限，已经影响到全球17%的粮食供给，国际粮价因

此大幅上涨。① 截至2022年5月中旬，芝加哥期货交易所（CBOT）小麦期货价格较年初已经上涨超过60%，玉米期货上涨超过35%。② 联合国粮农组织公布的粮食价格指数显示，2022年3、4、5三个月谷物价格指数分别为170.1、169.7和173.4（2014—2016年小麦、玉米、大麦、高粱、稻米平均出口贸易加权相对价格为100）。③

5月4日，全球应对粮食危机网络（GNAFC）发布《2022年全球粮食危机报告》。报告指出，面临严重粮食不安全并需要紧急粮食援助和生计支持的人数继续快速增长，2021年53个国家或地区约有1.93亿人处于危机或更严重的粮食不安全状态（IPC/CH第3—5阶段）。与2020年当时创纪录的数量相比，增加近4000万人。其中，埃塞俄比亚、马达加斯加南部、南苏丹和也门的57万人被列为严重粮食不安全灾难的最严重阶段（IPC/CH第5阶段），需要采取紧急行动以避免生计的大范围崩溃、饥饿和死亡。报告认为，2021年粮食危机的最主要因素系冲突和不安全，在冲突、不安全因素最突出的24个国家中，约有1.39亿人面临危机或严重危机。④ 必须指出，《2022年全球粮食危机报告》的数据收集工作在乌克兰危机之前已经完成，这表明粮食危机在乌克兰危机以前已经非常严重，乌克兰危机只是进一步加剧了粮食危机。

联合国粮农组织、世界粮食计划署等经过多方调研，指出目前的全球性粮食不安全的主因是全球分配和价格高企，而非单纯的供给不足，确保全球粮食贸易顺畅是目前最重要的任务。⑤ 世界银行应对全球粮食危机的四方面行动计划中，一半侧重供给侧（支持生产和生产者、投资可持续的粮食和营养安全），另一半侧重需求端（促进贸易增长、支持弱势家庭）。⑥

---

① 张春友：《美西方对俄制裁加剧全球粮食危机》，《法治日报》2022年5月26日，第8版。
② 顾志娟：《地缘冲突叠加贸易保护风险，小麦期货快速上涨，我国受影响吗？》，《新京报》2022年5月17日。
③ 联合国粮农组织官网：https://www.fao.org/worldfoodsituation/ foodpricesindexzh/.
④ Global Network Against Good Crises, "The Global Report on Food Crises 2022".
⑤ 李孟林：《受累俄乌冲突，人类或面临二战后最大粮食危机？》，《每日经济新闻》2022年5月25日，第7版。
⑥ 《世界银行宣布应对全球粮食危机的行动计划》，世界银行官网，2022年5月18日，https://www.shihang.org/zh/news/press-release/2022/05/18/world-bank-announces-planned-actions-for-global-food-crisis-response，访问日期：2022年6月10日。

（二）上合国家普遍面临传统农业社会的贫困和转型问题

上合组织国家普遍面临传统农业社会的人口众多、生产总值相对较低、贫困较为严重的问题。如表4-1所示，2020年近半数上合组织国家农村人口在总人口中的占比超50%，14个国家的农业增加值在GDP占比小于15%。

表4-1 上合组织成员国、观察员国和对话伙伴
2020年乡村人口与农业占比等情况

序号	国家	农村人口占比	农业增加值占比	比值
1	阿富汗	74%	26.8%	0.36
2	亚美尼亚	37%	11.7%	0.32
3	阿塞拜疆	44%	6.9%	0.16
4	白俄罗斯	21%	6.8%	0.32
5	柬埔寨	76%	22.8%	0.30
6	中国	39%	7.7%	0.20
7	埃及	57%	11.6%	0.20
8	印度	65%	18.3%	0.28
9	伊朗	24%	12.8%	0.53
10	哈萨克斯坦	42%	5.3%	0.13
11	吉尔吉斯斯坦	63%	13.5%	0.21
12	蒙古国	31%	12.1%	0.39
13	尼泊尔	79%	23.1%	0.29
14	巴基斯坦	63%	22.7%	0.36
15	卡塔尔	1%	0.3%	0.30
16	俄罗斯	25%	3.7%	0.15
17	沙特阿拉伯	16%	2.6%	0.16
18	斯里兰卡	81%	8.4%	0.10
19	塔吉克斯坦	72%	23.8%	0.33
20	土耳其	24%	6.6%	0.28
21	乌兹别克斯坦	50%	26.1%	0.52

数据来源：世界银行数据库[①]

---

① 世界银行，https://data.worldbank.org.cn/country/，访问日期：2022年6月12日。

我们以农业增加值占比为分子，农村人口占比为分母，计算比值，最大极值为全国GDP（100%）对比全国人口（100%），比值为1.00。如表4-1所示，斯里兰卡比值最低，仅0.10；伊朗和乌兹别克斯坦比值高，分别为0.53和0.52。这表明，斯里兰卡农村相对产值最低，而伊朗、乌兹别克斯坦的相对产值较为均等。

农村相对产值较小的国家，城镇产值相对较高，收入吸引力强，其农村社会更有动力以人口流向城镇从事二三产业的方式进行转型。农村产值高的国家，通过城镇化进行转型的动力相对不足，加上传统生产方式主导的传统农业社会缺少资本、技术等要素，人员、物资、技术、资金等流动成本高企，难以快速提升农业生产率、开发本地资源，导致本地加工业、服务业难以快速发展，社会转型不易。在转型遇阻的情况下，传统农业社会转而通过强化传统文化认同补偿经济活力的不足，其文化保守又反过来提升了传统农业社会转型的成本。

三、上合组织农业培训的应对策略

（一）积极应对全球性粮食危机，拓展培训内容

当前，乌克兰危机、新冠肺炎疫情等持续影响世界格局，全球粮食危机加剧。上合组织农业基地致力于充分利用上合组织机制，通过农业培训，传播增产农业品种技术，提高各成员国农业优势资源配置和使用效率，不仅有助于保障各国粮食安全，还有助于构建成员国间紧密合作关系。

在全球性粮食危机下，能长期提高粮食单产的农业培训大有用武之地。通过中国与上合组织国家农业科技平台输出的中国良种，已经充分体现其增长能力。在哈萨克斯坦农业科技示范园区试种的WW5冬小麦比当地品种增产57.4%，M27春玉米比当地品种增产27.5%。通过农业培训进一步推广这些品种、技术，可以有效提高当地单产。除良种外，栽培技术、水肥光热运用技术等也得到重视和推广。为此，基地还需新设农业示范园，增加现代农业科技示范园项目，深化培训内容，增加良种、栽培技术及水肥光热运用技术的培训力度。

解决粮食危机不仅要提高单产，还要粮食贸易顺畅，即储藏、运输顺

畅。以高投入基础建设（往往需要道路、电力等配套设施）为前提的解决方案，建设周期长、财务压力大，开展难度大。这就给简易有效的储藏、运输，尤其是小农机、农具推广提供了新的机遇，同时也带来相应的培训机遇。不过，上合组织农业培训尚需完善培训资源，调整培训方法，以应对相关领域涉及相对较少的挑战。对此，可以考虑依托丝绸之路教育合作交流会、丝绸之路国际产学研用合作会议等重大教育国际会议，通过丝绸之路农业教育科创新联盟、上合组织涉农高校联盟等组织，开展专项对话和学术论坛，拓展杨凌农科教资源。与中国农业机械化科学研究院等对口科研院所展开合作，优选技术品种，建立标准，签订涉外培训协议，强化特色培训力量，提升培训专业化水平。

考虑到农机、农具为工业品，涉及制造业及工业品贸易，在条件允许的情况下，还可以探索采用市场化运作手段，与欧亚国际物资交易中心合作，联合农机、农具企业，开发标准化培训课程，开展规模化涉外培训，打造具有杨凌特色的产业融合涉外培训教育品牌。

上合组织农业基地在互利共赢理念指导下，正在整合我国干旱半干旱地带农业科研资源与我国唯一的农业特色自贸片区经贸资源，总结农业科技交流培训经验，探索拓展新的农业技术领域，联合企业推进全产业农业培训。

（二）运用中国乡村精准扶贫经验，助力上合组织国家传统农业社会转型

上合组织国家普遍面临着减少贫困，推进传统农业社会转型的问题。基地正在准备开展专项人才培训，在我国精准扶贫经验基础上，结合各国具体情况，选择合适的农业相关技术路径，通过推进传统农业融合第二第三产业深化发展，提升乡村生产力与收入，促进各成员国传统农业与传统乡村社会转型，消除贫困，实现可持续发展。

中国近十年精准扶贫工作积累了大量运用农业科技，扶持生产和就业，深化产业结构，提升乡村收入，推动摆脱贫困和传统农业社会转型的经验。本着"合作共赢"的理念，中国将致力于通过农业培训，助力上合组织国家减少贫困，促进农业社会转型。

2022—2024年，上合组织农业基地将承担习近平主席在上合组织杜尚别峰会上提出的向上合组织国家提供1000名扶贫培训名额任务中的200个培训名额。我们相信，这些扶贫培训不仅有利于上合组织国家消除贫困，实现可持续发展，还有助于推动我国与各国深化文化交流，在社会转型合作中实现民心相通。

经济作物生产为主的传统农业社会，更容易对接制造业，形成加工产业链，进入收入、就业、消费正循环，进而促进商业和其他第三产业发展，实现社会转型。这种社会形态最大的挑战是机会分配不均，造成马太效应，加剧资源、财富分布悬殊，制约社会转型（贫困人群无力承担转型的风险成本）。这种情况下，农业培训应强调机会平等，侧重让更多的人从对接加工制造业的领域获取机会。

粮食生产为主的传统农业社会，不易对接农业技术培训，其最大的挑战在于机会不足。以非商业手段向传统农业社会提供技术要素的培训，可以通过创造机会，成为推动传统农业社会转型的重要手段。这种社会形态中，成本较低、对基础设施（基建投入大、建设周期长、维护贵）依赖度相对较低的农业技术及农产品加工科技，更容易推广。运用这些技术提高农业生产率，提升农产品加工水平，更容易提升乡村收入，促进社会转型。

必须指出，新兴的数字技术带来新的挑战。互联网开拓了传统农业社会居民尤其是年轻人的眼界，没有带来实际的经济收益，反而加强他们被剥夺的感觉，常常造成更严重的社会不稳定问题。因此，长远而言，通过数字化技术展开农业技术培训或培训数字化农业技术，都应当重视针对传统农业社会居民进行普及性培训，缓解其被剥夺感，用事实宣传全球治理的"中国方案"。

（三）针对上合组织新成员、新伙伴，拓展培训内容

上合组织创始成员国为中国、俄罗斯、哈萨克斯坦、吉尔吉斯斯坦、塔吉克斯坦、乌兹别克斯坦。2017年上合组织阿斯塔纳峰会签署了关于给予印度和巴基斯坦成员国地位的决议，上合组织成员国由6个增至8个。2021年9月，上合组织杜尚别峰会启动接收伊朗为正式成员国的程序，吸收埃及、卡塔尔、沙特为对话伙伴。上合组织的拓展，扩大了上合组织农

业培训的目标范畴。

埃及、卡塔尔、沙特三国均为标准的沙漠气候，埃及尼罗河沿岸以外，可以开展种植、畜牧的土地少，但是这三个国家均为沿海国家，有相当的海洋农业、渔业发展前景。巴基斯坦、伊朗、印度同样是沿海国家，具有相当的海洋农业、渔业开发潜力。

拓展海洋农业和渔业培训既具有机遇，同时也面临巨大的挑战。为此，亟须拓展杨凌农科教资源，与厦门大学、自然资源部第三海洋研究所、福建海洋研究所、集美大学等高校、院所展开合作，优选技术品种，建立标准，签订涉外培训协议，强化特色培训力量，提升培训专业化水平。考虑到中国与巴基斯坦长期合作的亲密关系和瓜达尔港的地缘特殊性，可以考虑在瓜达尔港区域设立以海洋农业和渔业为主的农业示范园区。

Новые возможности и вызовы в обучении аграрным технологиям

Цю Чжунпань   Ван Пэнцзюй

Аннотация: Демонстрационная база ШОС по обмену и обучению аграрным технологиям была учреждена по инициативе, выдвинутой Председателем КНР Си Цзиньпином на 19–ом заседании Совета глав государств–членов ШОС. С учетом преимуществ сельскохозяйственных ресурсов стран–членов ШОС и дальнейшего развития база стремится стать международной платформой сельскохозяйственного сотрудничества и обмена в отношении стран–членов ШОС, которая способна предоставлять такие услуги, как обучение аграрным технологиям, передача технологий и стандартов в целях повышения уровня развития сельского хозяйства и аграрного производства. Китай лидирует в применении новых технологий, распространении новой сельскохозяйственной продукции и в производстве сельскохозяйственной техники. Важно развертывать аграрную подготовку в рамках ШОС и внедрять технологии и стандарты. Это способствует перениманию новых технологий, укреплению обменам научно–технической информацией, повышению уровня аграрного развития, продвижению строительства региональных производственных цепочек и цепочек поставки, а также укреплению межгосударственной связи, взаимному пониманию разных цивилизаций и созданию доверительной системы. Перед лицом глобального продовольственного кризиса база должна в полной мере использовать механизмы ШОС для расширения содержания сельскохозяйственной подготовки, распространять лучшие сельскохозяйственные сорта и технологии, повышающие производительность и эффективность. Нужно улучшать распределение сельскохозяйственных ресурсов и увеличивать эффективность их использования. Необходимо обеспечить продовольственную безопасность во всех государствах–членах ШОС. В связи с проблемами традиционной сельской бедности и социальной трансформации, с которыми обычно сталкиваются страны ШОС, предлагается заимствовать китайские концепции, модель и опыт, направленные на снижение уровня бедности, подбирать соответствующее содержание обучения и методы обучения в соответствии с конкретными условиями каждой страны. Нужно способствовать интеграционному развитию традиционного сельского хозяйства, второй и третьей сферы экономики, чтобы увеличить доходы сельского населения, снизить уровень бедности и добиться социальной трансформации и устойчивого развития.

Ключевые слова: Сельскохозяйственная подготовка; ШОС; агротехника; сельское население; нищета в сельских района; адресное оказание помощи бедным; пропорция добавленной стоимости в сельском хозяйстве

Об авторе: Цю Чжунпань, доцент Института информационных технологий Сямэньского университета.

Ван Пэнцзюй, ассистент Института информационных технологий Сямэньского университета

New Opportunities and New Challenges for SCO Agricultural Training

Qiu Zhongpan Wang Pengju

Abstract: The SCO Demonstration Base for Agricultural Technology Exchange and Training was established on the proposal made by Chinese President Xi Jinping at the 19th Meeting of the Council of Heads of State of the Member States of the SCO. Based on the advantages of the agricultural resources and future development direction of the SCO countries, the Base strives to build an international agricultural cooperation exchange platform facing the SCO countries, mobilizing the resources of enterprises to provide whole-industry agricultural training, exporting technologies and standards, to improve the development of agriculture and agriculture-related industries in the SCO countries. China takes the lead in new agricultural technologies, new products promotion and agricultural machinery and tools. Agricultural training and high-quality popularization of technologies and standards within the framework of the Shanghai Cooperation Organization will help the SCO countries to learn and adopt new technology and production processes, strengthen agricultural science and technology and information exchange, improve agricultural development quality, promote the construction of regional industrial chains and supply chains, strengthen exchanges among countries through training and exchange, promote mutual understanding among civilizations and build trusted credit systems. In the face of the global food crisis, the SCO Agricultural Base should make full use of the SCO mechanisms, expand the connotation of agricultural training, disseminate agricultural strains and technologies that increase production and efficiency, improve the allocation and utilization efficiency of agricultural advantageous resources in member countries, ensure food security of all countries and enhance the close cooperation relationships between member countries. To resolve the problems of traditional rural poverty and social transformation commonly faced by the SCO countries, we can actively promote the concept, mode and experience of China's precise poverty alleviation, select appropriate training contents and training methods in accordance with specific conditions of various member countries, to advance the deepening of the integration between traditional agriculture and the secondary and tertiary industries, promote rural industrial development and the increase of rural income, in an efforts to reduce poverty and realize social transformation and sustainable development.

Keywords: agricultural training; SCO; agricultural technology; rural population; rural poverty; targeted poverty alleviation; proportion of agricultural added value

Author: Qiu Zhongpan, Associate Professor at the School of Information Science and Engineering, Xiamen University;

Wang Pengzhu, Assistant at the School of Information Science and Engineering, Xiamen University.

上合组织农业基地的未来发展路径

卢山冰

【内容提要】上海合作组织农业技术交流培训示范基地要紧紧围绕农业农村部制定的《"十四五"农业农村国际合作规划》，积极开展农业技术国际合作。要充分理解上海合作组织农业技术交流培训示范基地的四层内涵，在深入研究上合组织国家农业技术现状和需求的基础上，推动上合组织国家农业技术试点园区建设，在上合组织国家农业技术交流培训示范中引入科技特派员制度，借鉴我国杨凌农业高新技术产业示范区建设经验，支持成员国现代农业发展，建立健全上海合作组织农业技术交流培训示范基地中的相关机构，推动农业技术交流培训示范基地高质量发展。主动与国际和国内农业交流促进组织建立密切联系，构建多层次涉农交流示范平台，建立上合组织农业技术和交流联盟，积极建设多层次、多元化、多类型的涉农交流示范平台机构。我们要充分认识到促进上合组织农业基地的工作是双向合作，既要"走出去"也要"引进来"，要以上海合作组织农业技术交流培训示范基地建设促进我国农业发展和粮食安全。

【关键词】农业技术交流培训示范基地；建设渠道；发展路径

【作者简介】卢山冰，西北大学丝绸之路研究院院长、二级教授，中国历史、经济学博士生导师。

上海合作组织农业技术交流培训示范基地（简称"上合组织农业基地"），为上合组织国家农业紧密合作指明了方向。三年来，在中共陕西省委、省政府的坚强领导和大力推动下，杨凌农业高新技术产业示范区党工委、管委会全面统筹有效落实建设任务，上合组织农业基地建设取得了重大进展，在上合组织国家农业领域产生了重要影响，成为促进上合组织国家之间农业技术交流培训示范重要平台，为今后进一步建设和发展奠定了坚实基础。

农业农村部制定的《"十四五"农业农村国际合作规划》，高度肯定上海合作组织农业技术交流培训示范基地的建设，为"十四五"国际合作明确了任务内容。在"十三五"期间，农业国际合作在多边交流、对外贸易投资、科技合作、对外援助和全球粮农治理领域取得显著成效，为我国对外开放和农业农村经济发展发挥了重要作用。农业成为元首外交和政府磋商的重要议题，上海合作组织农业技术交流培训示范基地作为元首外交重要成果落户陕西，是"十三五"国家农业领域开展国际合作的重大成就。《"十四五"农业农村国际合作规划》明确提出：区域多边竞争与合作交织，为农业国际合作提供了重要契机。气候变化、粮食安全等全球性问题日益严峻，农业服务外交大局作用更为凸显，包括上海合作组织、东盟与中日韩、中国—中东欧国家"17+1"等在内的多边框架下的农业合作将更为务实，成为区域和多边关系的粘合剂和稳定剂。《"十四五"农村农业国际合作规划》特别强调要拓展上海合作组织框架下农业合作空间，加快建设上合组织农业基地；发挥上合组织机制平台作用，推动农村农业各领域务实合作；加强上合组织政策规划对接，编制好上合组织农业技术交流发展规划，做好上合组织国家和区域间的农业发展规划对接，推动农业多双边合作不断深化，发挥农业外交作用，协助有关国家编制现代农业发展规划；丰富拓展合作领域，重点做好粮食安全、数字农业、气候变化应对、动植物疾病防控等工作。

我们要以"十四五"规划为任务导向，服务国家总体农业交流合作布局。在"十四五"期间，实现农业农村国际合作机制取得新突破，农业国际贸易形成竞争新优势，农业对外投资经营呈现新局面，农业科技合作交流取得新成效，全球粮农治理参与能力实现新提升。其中"农业科技合作交流取得新成效"是对上合组织农业基地建设的直接要求，具体讲就是："强化地理标志应用，更加注重人员交流，聚焦现代种业和土壤健康开展合作，更加注重气候智慧型农业合作，推进农业绿色可持续发展，更加注重粮食安全和粮食援助，聚焦节粮减损和能力建设，更加注重数字农业技术应用。"这些内容，都是上合组织农业基地在技术交流示范合作中要深入实施的具体内容和具体领域。

以"十四五"规划为指导，结合上合组织农业基地建设实际，我们认为，未来应该围绕以下工作开展路径建设。

第一，要深刻解读上合组织农业基地内涵，深化基地建设外延。首先，上合组织国家包括成员国、观察员国、对话伙伴国。上合组织国家在农业上的发展水平不同、技术需求以及合作的强烈度不同，在开展农业技术交流培训示范基地建设中要"一国一策""一域一策"，才会产生明显效果。其次，要全面解读上合组织农业基地的功能。一是"技术"，二是"交流"，三是"培训"，四是"示范"。"技术"与政府、科研机构、高校、企业等有关，与产品、服务、创新等有关，与基础研究、人才培养、专利保护等有关。"交流"与国家国际合作政策、科技机构、科技企业等有关，与技术交流平台、科技人员主体、科技经纪人等有关，与人文交流、友好往来等有关。"培训"应该包括不同层次的人才培养，既有本科生、硕士生、博士生的学历培养，也要有农业行政官员、技术人员等非学历的培训、训练、指导，特别是科技人员在田间地头手把手地操作展示指导。"示范"就是要做出榜样、样板、标杆，成为行业内的典范，其中的经验具有普遍借鉴意义和广泛推广价值。最后，上合组织农业基地建设一定是双向的，"走出去和引进来"相结合、"向外介绍经验和向外虚心学习"相结合。我们非常成功的农业技术可以帮助到上合组织国家，我们更需要引进国际上先进的农业技术。

第二，针对所有的成员国、观察员国和对话伙伴国农业技术现状和需求开展研究，静下心来做好功课。农业技术交流培训针对的是不同国家，要采取具有差异化的技术交流培训方式。上合组织农业基地要与教育部国别和区域研究中心建立联系，与国内高校中已经成立的哈萨克斯坦、吉尔吉斯斯坦、俄罗斯、塔吉克斯坦、乌兹别克斯坦、巴基斯坦、印度、伊朗阿拉伯、阿富汗、白俄罗斯、蒙古国、阿塞拜疆、亚美尼亚、土耳其、埃及、沙特阿拉伯、卡塔尔、尼泊尔、斯里兰卡、柬埔寨研究中心开展业务合作，利用这些研究中心的学术研究优势，委托开展与农业发展、农业政策、农业规划、农业技术交流、农事技术市场、农业人才需求等相关的问题研究，形成关于这些国家和地区农业技术交流和培训的信息数据，为更高层次开展农业技术交流和培训奠定基础。关于这些国家的农业信息数据，一定是通过专项研究形成的，不是在网上百度搜索就能得到的。教育部备案的国别和区域研究中心，是国内在具体国家和区域的研究上最具实力的机构和群体，上合组织农业基地要尽快与这些专业机构建立密切联系。

第三，建立上合组织国家农业技术试点园区，以园区的引导示范效应带动当地现代化农业发展。在开展"一带一路"国际合作过程中，我们与当地国家合作已经建立了84个工业园区。借鉴"一带一路"倡议建设工业园区经验，同时借鉴杨凌农业高新技术产业示范区建设的经验，尤其是借鉴中国与相关国家在园区合作中的成功做法，上合组织国家农业技术试点园区应由当地政府组织规划，上合组织农业基地负责提供技术、服务和营销指导。通过园区的示范带动作用，特别是组织科技专家与农民开展多元合作，根据当地的实际情况鼓励农民发展产业化农业，将小农经济与现代化市场紧密结合，为当地培养职业化、专业化的产业农民队伍，推动当地农业发展和农民富裕。

第四，将我国农业技术推广中形成的科技特派员制度优化完善，在上合组织国家农业技术交流培训示范中引入科技特派员制度。科技特派员是国家和地方选派具有一定科技专业理论、应用技术、实践经验、实用方法、管理能力的中青年专家，深入到农村农业一线，开展技术指导促进当地经济发展的制度安排。科技特派员将高校、科研机构和企业中的资本、信息和科技引导到农村，解决农村经济和发展问题。中国科技部以制度形式，选拔拥有技术资源的科技人员到农村或涉农企业就地普及推广农业技术，传播科学化种植和养殖技术，指导农业发展。科技特派员模式不是恩施者与接受者之间的关系，而是平等互利的合作关系。在我国科技特派员实施过程中，农民、科技专家、投资者之间有效合作，农民得到了科技、资金以及企业家的帮助，农产品在市场上获利空间提升；科学家、企业家得到政府支持，不仅获得相应回报，也赢得了社会声誉。上合组织开展农业技术交流培训示范工作，在签订政府间协议之后，尝试派遣科技特派员进入上合组织国家农村进行农业技术指导和推广，一定能推动这些国家农业现代化发展。

第五，借鉴杨凌农业高新技术产业示范区的成功经验，为当地政府提供有利于发展现代农业的政策模式和建议。杨凌农业高新技术产业示范区是中国第一个农业高新技术示范区，经过25年的发展，在农业技术产业化应用推广，在高新技术扩散应用上，在现代化农业建设上，都积累了许多经验，特别是形成的"公益性推广、社会化创业、多元化服务"三位一体的新型农村科技服务体系，对于上合组织国家农业发展有一定的可借鉴价值。而一年一度的杨凌农高会，成为与上合组织国家开展技术交流和产品展示的重要平台，广泛吸引上合组织国家农业专家和涉农企业积极参与。借助5G、VR等互联网新技术实现"云上农高会"线上直播、推介洽谈、展览展示，进一步扩大了杨凌农高会的国际影响力。近年来，杨凌农业高新技术产业示范区高标准建设上合组织农业基地的同时，积极整合区域内各类优质农业资源，广泛开展农业领域国际合作，与世界粮农组织等国际组织以及60多个国家和地区建立了紧密的合作关系。杨凌农业高新技术产业示范区的各种经验，对国内涉农区域具有一定的推广价值，对于上合组织成员国、观察员国伙伴同样具有一定的可借鉴性。

第六，健全上合组织农业基地中的相关机构，充分发挥好各机构功能，推动基地高质量发展。其一，要建设好上合组织现代农业技术交流中心。该中心是上合组织农业基地已经建成并运行的机构，目前明确将上合组织国家之间的农业科技交流合作、科技人员培养、农业技术示范等融入其中，并为交流合作提供核心支撑和条件保障。其二，尽快谋划和建设上合组织现代农业技术人才培养和训练中心。该中心要出台"十四五"期间的上合组织成员国、观察员国、对话伙伴国的人才培养和培训规划和计划，其中既包括科技人才短期培训，也包括从本科生、硕士生和博士生层次的人才培养。在学历教育上，在征得国家有关部委支持的前提下，可以从部委层面确定"上海合作组织基地人才专项"，支持进入基地建设合作院校招收本科生、硕士生和博士生。在非学历教育上，根据不同国家的农业发展实际，对接当地国家农业技术缺口和需求，有针对性地开展灵活多样的技术、管理和市场营销培训工作。其三，建立多形式多元化多类型的"示范"展示平台，可以是园区、项目、展列厅、网站、视频推送等，也可以是成功企业经验或技术受益者的现身说法等。

第七，与国际和国内农业交流促进组织建立密切联系，广泛争取资源为上合组织农业基地赋能。其一，与联合国粮农组织建立联系。对接粮农组织发展规划和技术合作任务，学习和借鉴粮农组织的成功经验和做法，使我们的技术交流培训示范工作更容易被上合组织国家接受。其二，与中国国际贸易促进会建立联系。贸促会是中国特色的国际贸易促进机构，要充分利用贸促会各个专业委员会职能优势，开展上合组织框架下的农业技术和培训交流，借力借势实现双赢发展。其三，与对外友好协会建立联系。通过对外友好协会，特别是利用友好省/州、友好城市促进农业技术交流和培训工作。其四，与上合组织大学及涉农的有关专业协会建立联系。与上合组织大学联盟建立联系，实现联盟中的涉农技术和人才培养高校密切交流；利用丝绸之路农业教育科技创新联盟，建设上合组织农业教育科技创新分联盟；与中国农业科技国际交流协会建立紧密联系，联合开展论坛建设和人才培训工作。

第八，构建多层次涉农交流示范平台，建立上合组织农业技术和交流联盟。涉农交流示范平台应该是多层次、多元化平台机构。在国内，与涉农高校、企业、协会、社团等建立紧密关系，及时通报上合组织农业技术交流和培训基地建设信息，发布课题研究、技术咨询、市场需求等有关信息，以多元化的形式把涉农高校、企业、协会、社团等专家、投资人、管理人员、经纪人等团结在一起。在国外，建立涉农高校、企业、协会、社团等联系通道，构建上合组织国家农业专家、农业院校、农业企业、农业技术需求等数据库，以多种形式与农业技术机构、企业等开展有效合作。在条件成熟时，成立上合组织各种类型、各种性质的农业技术交流联盟。

第九，农业技术交流培训示范基地的工作是双向合作，要以上合组织农业基地建设促进我国农业发展和粮食安全。我们作为发展中国家，农业科学技术转化率是30%～40%，世界上发达国家是50%，农业技术最发达的以色列是90%，甚至以色列已经达到1个农业人口可以养活400人的程度。我们要利用好上合组织农业基地，在农业技术走出去的同时，同样注重引进来，尤其是引进国际上先进的农业技术，在"优秀农业解决方案""灌溉设备""智能温室栽培收获""畜牧业""水产业"等方面积极开展交流合作，促进我国农业技术发展，提高我国农业技术人才队伍水平，在现代农业发展上作出基地贡献。

Перспективный путь к развитию демонстрационной базы ШОС по обмену и обучению аграрным технологиям

Лу Шаньбин

Аннотация: Демонстрационная база ШОС по обмену и обучению аграрным технологиям должна активно разворачивать международное сотрудничество, следуя 14–му пятилетнему плану международного сотрудничества в сельском хозяйстве и сельских районах, разработанному Министерством сельского хозяйства КНР. Необходимо правильно понимать четырехаспектный опыт демонстрационной базы ШОС по обмену и обучению аграрным технологиям, т. е. на основе углубленного анализа текущей ситуации и потребностей в сельскохозяйственных технологиях участников–стран ШОС активно содействовать созданию парков сельскохозяйственных технологий. На опыте высокой и новой технологической показательной зоны Янлин можно внедрить систему специалистов по науке и технологиям для поддержки сельскохозяйственного развития государств–членов ШОС. Необходимо сформировать и совершенствовать соответствующие структуры демонстрационной базы ШОС по обмену и обучению аграрным технологиям, чтобы способствовать качественному обмену сельскохозяйственными технологиями. Предлагается установить тесные контакты с международными и отечественными организациями по продвижению агротехнического обмена, создать союз по обмену агротехнологиями, развертывая многоуровневый, плюральный и разнообразный обмен опытом по сельскому хозяйству. Мы должны в полной мере осознавать, что работа по обмену сельскохозяйственными технологиями и обучению является двусторонним сотрудничеством. Необходимо проводить политику «выхода во внешний мир и привлечения из-за границы» и способствовать развитию сельского хозяйства и обеспечению продовольственной безопасности.

Ключевые слова: демонстрационная база ШОС по обмену и обучению аграрным технологиям; канал строительства; путь развития

Об авторе: Лу Шаньбин, директор исследовательского института Великого Шелкового пути Северо-западного университета, профессор второго класса, научный руководитель докторантуры исторических и экономических наук.

The Future Development Path of the SCO Agricultural Base

Lu Shanbing

Abstract: The SCO Demonstration Base for Agricultural Technology Exchange and Training shall actively carry out international cooperation on agricultural technology in accordance with the "14th five-year plan for international cooperation in agriculture" formulated by the Chinese Ministry of Agriculture and Rural Affairs (MARA). Through fully understanding the four-dimensional connotation of the SCO Demonstration Base for Agricultural Technology Exchange and Training, and based on the thorough research on the status and demand of agricultural technology in the SCO countries, promote the construction of the SCO national pilot park of agricultural technology, introduce the system of special commissioner in the SCO demonstration of agricultural technology exchange and training, learn from the construction experience of Yangling Agricultural High-tech Industry Demonstration Zone in China, support the modern agricultural development of member countries, and establish and improve the relevant agencies of the SCO Demonstration Base for Agricultural Technology Exchange and Training to advance the high-quality development of the agricultural base. Actively establish close contact with international and domestic agricultural exchange and promotion organizations, build demonstration platform of multi-level agricultural exchange, establish SCO agricultural technology and exchange alliance, and actively build multi-level, diversified and multi-type agricultural exchange demonstration platforms. We should fully realize that facilitating the work of the demonstration base requires the two-way cooperation of "going out and bringing in". We should promote agricultural development and food security in China through the construction of the SCO Agricultural Base.

Keywords: SCO Agricultural Technology Exchange Training Demonstration Base; construction channels; development path

Author: Lu Shanbing is a National Scond-level Professor and the President of the Institute of Silk Road Studies of Northwest University.

附 录

Приложение

Appendix

上海合作组织农业技术交流培训示范基地建设构想*

为落实2010年签署的《上合组织成员国政府间农业合作协定》及其他现行农业领域合作文件，各方同意在中国杨凌农业高新技术产业示范区设立上海合作组织农业技术交流培训示范基地（以下简称"示范基地"）。

一、合作目标和任务

（一）促进农业可持续发展，推动农业数字化；
（二）为开展农业科技创新、教育、示范等领域的务实合作搭建平台；
（三）为有效促进农业发展，推动现代新技术开发；
（四）在可持续农业领域，示范和推广创新技术；
（五）运用农业科技创新的联合研究成果，以成功应对上合组织成员国在现代农业领域面临的挑战。

二、合作的基本原则

为实现示范基地建设构想的目标和任务，各方应遵循以下原则：
（一）平等和相互尊重；
（二）相互经济利益；
（三）考虑到上合组织各成员国、观察员国和对话伙伴国的利益；

---

* 2021年8月12日，第六届上合组织成员国农业部长会议审议通过了《上海合作组织农业技术交流培训示范基地建设构想》。

（四）考虑到示范基地的三大主要功能"交流、培训和示范"。

（五）保证数据安全。

三、优先合作方向

（一）依据自愿原则，基于上合组织各成员国需求，开展国际联合科研项目，包括推动相关国家自愿建立国际联合实验室，开展国际农业科研项目；

（二）举办农业科研人员定期交流；

（三）举办国际农业科研会议等活动，深化上合组织成员国之间的科研合作；

（四）通过联合研讨、研究生联合培养、专家进修和职业农民培训等形式，为上合组织国家培训农业人才，同时按照信息安全保护有关法规做好培训交流过程中相关农业技术信息保护工作；

（五）在示范基地内建设不同类型和功能的农业合作园区和平台，以便上合组织成员国科研单位和高校之间传播知识，并为各国企业或农场依据市场化原则开展产业合作提供机遇；

（六）在一年一度的中国（杨凌）农业高新科技成果博览会框架内，参加和举办圆桌会议、农业技术和食品展会以及其他农业技术交流活动；

（七）农业领域其他有关合作内容。

四、合作和融资机制

（一）合作机制

1. 与示范基地建设和运营相关的组织事项，将在上合组织成员国农业部长会议、上合组织成员国农业常设专家工作组会议（简称"专家会"），以及必要时将在上合组织框架内的其他活动下进行讨论。

2. 中方与上合组织各成员国协商基础上，指定一名专职协调员，并成立一个专业工作组，负责与上合组织秘书处、成员国、观察员国和对话伙伴国开展日常工作和互动，以确保示范基地的活动符合上合组织成员国的预期和需求。

3. 示范基地框架下的具体合作项目，由参与各方共同商讨并实施。

（二）资金保障

1. 中方将出资启动示范基地的硬件建设，并承担部分合作项目的费用。上合组织有关成员国将根据自愿原则，共同出资实施示范基地框架下的项目。

2. 中方愿支持开展上合组织区域农业共性关键问题研究，探索"产学研用"为一体的农业技术服务和推广方案，并提供部分资金保障，力争形成农业技术联合研究成果，促进现代农业技术在上合组织各国的推广应用。

五、预期合作成果

设立示范基地，将有助于上合组织成员国建立务实的经验交流合作机制，有助于农业高新技术、先进知识和经验交流培训分享，有助于上合组织成员国高科技农业的可持续发展。

六、汇报机制

示范基地将同专家会合作制定年度工作计划，并向上合组织秘书处及各成员国提交年度工作报告。

上海合作组织农业技术交流培训示范基地建设方案*

根据习近平主席在上海合作组织（以下简称"上合组织"）成员国元首理事会第十九次会议上关于"中方愿在陕西省设立上海合作组织农业技术交流培训示范基地，加强同地区国家现代农业领域合作"的重要倡议精神，为扎实推进上海合作组织农业技术交流培训示范基地（以下简称"上合组织农业基地"）建设，按照中央有关工作要求，现制定建设方案如下。

一、总体思路

（一）指导思想

以习近平新时代中国特色社会主义思想为指导，全面贯彻落实党的十九大和十九届历次全会精神，坚持"互信、互利、平等、协商、尊重多样文明、谋求共同发展"的"上海精神"，依托我国尤其是杨凌农业高新技术产业示范区农业特色优势，打造技术、商贸、政策、人文等多层次交流的平台体系，探索产学研各类主体参与上合组织合作的机制模式，建设集"科技合作、人才培育、技术推广、经贸促进"四项功能于一体的上合组织农业基地，加速推动我国农技装备、优良品种和农业服务"走出去"，精准服务上合组织国家农业现代化、产业化和可持续发展，有效助力"一带一路"农业合作和全球粮食安全保障。

---

* 2022年7月7日，农业农村部、外交部、科技部、陕西省人民政府印发。

（二）工作原则

省部共建，充分发挥陕西主体作用和各部门协同作用。强化相关体制机制安排，加强部省间、部门间协调配合，挖掘和用好陕西省和杨凌农高区农业科技、人才、项目、平台等资源，凝聚各部门政策和机制合力，共同发挥政府部门对于上合组织农业基地建设的主导、统筹和推动作用。

面向需求，坚持服务上合组织国家农业发展的基本导向。紧密结合上合组织国家农业资源禀赋、经济社会基础和未来农业方向，聚焦旱作农业、生态修复、畜牧养殖等方面的关键技术，有针对性地开展交流、培训和推广，服务相关领域经贸合作，带动现代农业加速发展。

开放共享，支持引导各国和各类主体共同参与基地建设。构建开放、高效、可持续的管理运行体制机制，引导国内外一流农业高校、科研机构、涉农企业及商（协）会积极参与，充分调动上合组织各国提出合作诉求、参与合作项目、承担合作任务，推动实现农业科技和合作成果共享。

（三）建设目标

贯彻落实中央领导同志关于上合组织农业基地要聚焦开放、实现共赢的指示精神，高标准、多渠道、宽领域推进基地建设，坚持创新体制机制，不断优化设施环境，扎实推进合作项目，力争通过5—10年的时间，把基地建设为服务上合组织国家现代农业发展的科技高地、人才高地、产业高地、经贸高地。重点打造四大平台：农业科技创新合作平台，"十四五"期间建成并运行现代农业发展研究院、国际联合实验室等合作载体10个以上，基本形成契合上合组织现代农业发展需求的科技合作交流体系；国际农业科技及管理人才培育平台，每年完成对外农业培训不少于8000人次，打造一批富有杨凌特色、享誉国内外的培训和人才交流项目；农业实用技术对外推广平台，"十四五"期间利用上合组织国家农业科技示范园等开展新技术试验示范30项以上，示范推广面积10万亩以上，落实一批服务产业、惠民富农的科技转化成果；农业经贸及产能合作促进平台，持续落实经贸便利化，举办一系列高质量的展览展示活动，实现杨凌农高区涉农经贸规模年均增长率20%左右，推动农业成为上合组织国家经济合作的重要增长点之一。

二、主要任务

（一）创建农业科技交流合作载体

推动建立上合组织农业基地现代农业国际联合实验室，开展品种选育、节水灌溉、病虫害防治、动物医学、动植物检验检疫、土壤改良等领域联合研究，形成特色和优势。（科技部、教育部、农业农村部、陕西省人民政府负责，排在第一位的部门为牵头部门，下同）组建上合组织农业基地现代农业发展研究院，推动在上合组织国家农业高校、相关研究机构设立国别和政策研究所，开展区域现代农业发展战略研究、农业科技合作政策与标准研究等。（科技部、农业农村部）依托上合组织农业基地，常态化举办农业国际科技论坛等活动。（陕西省人民政府、农业农村部、外交部）

（二）创新推进农业科技合作和成果转化

探索建立上合组织国家多方参与的农业科技交流合作机制，支持上合组织国家优秀农业科研人员进行中短期互访交流，构建上合组织国家科研机构、高校间的长期稳定合作关系。建设集"产学研用"为一体的农业科技协同创新平台，围绕上合组织国家农业科技合作成果和发展需求，在旱区生态环境修复、农畜良种选育技术等领域推进产学研合作。引导各类市场主体参与农业科技研究和成果转化。（科技部、教育部、农业农村部、陕西省人民政府负责）

（三）打造农业国际培训教育品牌

建设上合组织农业基地现代农业交流中心，面向上合组织国家农业官员、企业高层管理人员、重点科研院所农业专家等群体，开设高质量农业技术国际化研修课程。（陕西省人民政府、农业农村部、商务部、国际发展合作署、教育部负责）依托旱作农业技术援外培训基地，以旱区生态环境修复关键技术、农畜良种选育与技术传播、扶贫发展等为主要内容，办好援外培训及其他国际培训。（商务部、农业农村部、国际发展合作署、教育部、外交部、陕西省人民政府负责）举办农业技术远程培训公开课，推送农技短视频，开展"云参观""云实训"等，拓展培训覆盖面和影响力。探索市场化培训模式，引入专业团队，开展模块化、系统化、品牌化的农业技术培训活动。（陕西省人民政府、农业农村部、商务部、国际发展合作署、教育部负责）

（四）开展农业大学联合人才培养

支持陕西相关高校依托丝绸之路农业教育科技创新联盟等平台，与上合组织国家农业大学实施联合培养项目。加强面向上合组织国家涉农硕士、博士研究生等留学生的培养，促进上合组织国家优质教育资源交流互补。推动西北农林科技大学加入上海合作组织大学。（教育部、陕西省人民政府负责）

（五）促进高素质农民交流合作

依托上合组织农业基地，开展高素质农民创新创业、特色现代农庄建设、跨境农产品电商管理、乡村扶贫发展及互联网农产品交易等领域交流合作，组织高素质农民"走出去"培训，推动上合组织国家间高素质农民交流。（农业农村部、陕西省人民政府负责）

（六）建设高水平现代农业技术实训基地

围绕上合组织国家产业需求，以农业智慧服务、设施农业、现代农业管理、先进农业技术集成展示为主要内容，在国内外选定、改造并提升一批不同生态类型、不同产业类型的农业技术实训基地和若干农业科技示范园区，发挥示范引领作用。（农业农村部、商务部、科技部、教育部、陕西省人民政府负责）

（七）培育现代农业技术推广队伍

围绕上合组织国家农业科技发展方向和技术推广重点，建立学术技术带头人及其团队培育制度，为上合组织国家培养一批农业科技推广领域的领军人物和专业化人才。（农业农村部、科技部、陕西省人民政府负责）

（八）拓展多平台农业展会交易

推动中国杨凌农业高新科技成果博览会与上合组织国家农业展会建立友好展会关系，加强跨境农业展会交流合作。依托中国杨凌农业高新科技成果博览会，开展上合组织国家农业展览展示活动，深化与上合组织国家间农业政策、技术、贸易、产能交流合作。建立上合组织农业基地农业科技成果展示交易平台。（陕西省人民政府、农业农村部、科技部、商务部负责）

（九）提升农产品贸易便利化水平

依托杨凌综合保税区，推动建立农产品保税仓库。探索开展上合组织国家间农业标准化交流合作，促进农业标准互认共享。编制农产品贸易合作目录，推动打通上合组织国家农产品国际贸易绿色通道。依托中欧班列，建设上合组织农业基地农产品贸易综合货运枢纽、农产品展示交易平台。（陕西省人民政府、农业农村部负责）

（十）强化农业经贸合作支撑服务

开发面向上合组织国家的农业技术和经贸服务网站，提供农业科技交流、投资合作、贸易分析、政策解读等方面的信息服务。建设上合组织农业基地农产品物流园、农产品加工产业合作园、跨境电商产业园等项目，搭建上合组织农业基地跨境采购平台和跨境电商线上交易平台，在扩大上合组织国家优质农产品进口的同时，推动我国农机装备、优良品种、技术和农业服务等进入上合组织国家。（陕西省人民政府、农业农村部、商务部、发展改革委负责）

三、保障措施

（一）强化组织保障

建立上合组织农业基地建设国家层面协调机制，强化基地建设顶层设计与协调指导；组建陕西省和杨凌示范区上合组织农业基地建设领导小组和工作专班,及时研究解决有关问题,扎实推进上合组织农业基地建设。

(二)加大政策支持

结合上合组织农业基地建设任务,将建设内容纳入本部门"十四五"相关规划及有关重点工作,强化上合组织农业基地建设支持力度。支持上合组织农业基地建设与陕西自贸试验区杨凌片区建设有机融合,用好用活政策制度优势,创新工作推进方式方法,提升建设质量效益。

(三)加强资金保障

陕西省加大对上合组织农业基地建设的资金支持力度,国家有关部门结合相关规划实施和年度资金安排对基地建设重点工作及符合条件的重点项目予以积极支持。

在2019上海合作组织现代农业发展圆桌会议上的讲话*

（摘录，2019，杨凌）

上海合作组织秘书长弗拉基米尔·伊玛莫维奇·诺罗夫

今年6月上合组织成员国元首理事会在吉尔吉斯斯坦举行，当时习近平主席提出的关于加强同地区国家发展现代农业领域合作，在陕西省设立农业交流培训示范基地的提议引起了各方极大的兴趣。我认为上合组织成员国参加第26届杨凌农高会可以被视为支持该倡议的重要举措，并说明该倡议极具时效性，顺应了当前全球共同面临粮食安全问题的现实。

根据世界相关领域科学家的推断，估计到2026年全球约50%的人口将生活在城市地区。为不断增长中的城市提供充足且能够负担得起的食品是各国政府面临的重大问题，为此需要在食品生产、存储、消费等过程进行大量的投资。此外，气候变化导致农作物减产，也对应对粮食安全问题造成严重影响，在世界上条件最差的地区尤为如此。

2030年世界各国对饮用水的需求预计将超过供应量的40%，由于缺水导致粮食短缺，这些问题与上合组织国家息息相关，特别对于中亚国家而言，由于特别缺水，冰川加速融化，即使到今天那里的水资源短缺问题依然严峻。现在上合组织成员国60%的人口生活在农村，都面临着干旱问题。今天中国已经成为世界第二大经济体，农业领域取得了重大突破。我相信，杨凌示范区在这方面会发挥更大作用，协助各国发展现代农业，特

---

* 2019年10月22日，上海合作组织秘书长弗拉基米尔·伊玛莫维奇·诺罗夫在中国陕西省杨凌参加"上海合作组织现代农业发展圆桌会议"，并发表讲话。

别是帮助上海合作组织国家，包括观察员国和对话伙伴国一起摆脱干旱和半干旱现状。

现在按照相关的应用模式，中国已经建立了122个相关的，类似杨凌这样的示范区，到2025年之前还会增加8个这样的中心。在国外，杨凌已经设立了8个相关农业经贸科技园。在哈萨克斯坦、吉尔吉斯斯坦、俄罗斯建立了相关科技园。杨凌开设上合组织杨凌农业培训基地，将调动技术创新、先进知识和经验，成功解决上合组织国家的现代农业问题。

必须缩小国家和地区之间，城市与农村地区之间的数字鸿沟。信息和通信技术可以创建新的平台，减少城市和农村地区之间的失衡，特别要减少在粮食生产到零售环节共约14%的粮食损失，要减少农场和生产供应链环节的粮食损失。上合组织要建立一个智能农场网络，特别要合理利用水资源，使沙漠得到绿化，水土侵蚀得到遏制。当前优先的事项是保障农场得到可靠的物流与信息基础设施，上合组织具有巨大潜力，已经成为世界大型农产品消费和出口市场，上合组织成员国之间的农产品贸易额和食品交易额微不足道，比如说去年我们之间的贸易额只有60亿美元，今年前8个月只有60亿美元，在农产品贸易方面还有很大的增长空间。在这方面要不断地扩大农产品的出口，要简化和统一卫生和植物检疫标准，以加快解决海关壁垒问题，还要在上合组织内部建立商品检疫、植物检疫和认证网络。在这些问题中，杨凌示范区是可靠的合作伙伴。

在2020上海合作组织现代农业发展圆桌会议上的讲话*
（摘录，2020，杨凌）

上海合作组织秘书长弗拉基米尔·伊玛莫维奇·诺罗夫

新冠肺炎疫情已成为整个国际社会的严峻挑战，是对人类生命和健康的威胁。其后果不仅是经济活动的减少，还会给国家的社会经济发展带来负面影响。今天，全世界数百万人的粮食安全和生计都取决于有效的农业生产和国际粮食贸易。上合组织国家人口总数在全球农村人口中所占比例为52.6%，总计大约17亿人，在新冠肺炎疫情的背景下，农产品在从生产者到购买者的生产和运输中已经遇到了许多问题。对从事农业和食品业的工人流动的限制，市场的封闭，需求和价格的变化，高昂的运输成本以及边境仓储物流的延迟都会造成货物变质和增加食品消费。这是非常明显的，特别是对于出口此类产品的国家而言更是如此。解决这些问题需要加强运输、海关、植物检疫和其他部门的协调联动。

上合组织旨在扩大成员国之间的贸易和经济合作，增加贸易、投资和农产品进出口的数量。在这方面，为了扩大农产品市场，有必要集中各国力量制定法律文书以统一卫生、植物检疫标准和要求；消除认证和海关壁垒；在上合组织国家建立商品检验、检测和认证网络。有鉴于当前人类与新冠肺炎疫情的斗争尚未结束，且有鉴于对于未来的科学预测，我们认为必须建立跨境运输"绿色通道"，确保农产品和粮食的进出口畅通无阻。

---

* 2020年10月22日，2020上海合作组织现代农业发展圆桌会议在中国陕西杨凌举行，本次会议主题为"上合之合——农产品贸易与跨境电商"，上合组织秘书长弗拉基米尔·伊玛莫维奇·诺罗夫到会并讲话。

在新冠肺炎疫情背景下的全球贸易为数字经济和电子商务的发展提供了新机遇，并将食品领域的跨境电商业务带到了前所未有的高度。据统计，当今数字经济约占世界贸易的20%，到2025年可能达到25%。考虑到中国在发展农产品跨境电子贸易方面积累的丰富经验，我们期待在杨凌高新技术示范区的帮助下，上合组织国家可以在这一领域制定适当的合作计划。

上海合作组织秘书处已准备为该计划的制定提供全方位的支持。为增加成员国在挖掘出口潜力和扩大市场准入方面进行创新解决方案的实用交流，举办此类咨询和培训研讨会在当前情况下意义非凡。

从这个角度看，我们对2020年10月21日举行的上合组织成员国农业部长会议充满期待。会议期间，中国在杨凌组建上海合作组织农业技术交流培训示范基地的倡议被批准。缔约方的专家将在考虑到该项目的相关性和前景的基础上，继续就建立上海合作组织示范基地的概念草案进行研讨。明天，10月23日，该基地将作为一个统一的培训平台，为上海合作组织有关部门组织一次关于建立农业产业化集群的网络研讨会。我期待着我们各国积极参加这次网络研讨会。

毫无疑问，上海合作组织成员国在该示范基地框架内的广泛多边互动将为进一步发展现代"智慧农业"，包括农业数字化、建立农业产业化集群和农业园区、生产绿色食品和有机食品、合理利用水资源、在农业领域推行先进技术，以及对相关专业人员的培训和再培训提供有力支持。在这方面，我还要指出，在上合组织秘书处与粮农组织谅解备忘录框架内，上合组织国家与联合国粮农组织开展务实合作的重要性。我相信，将我们的努力与粮农组织的潜力相结合，将进一步推动上合组织创新农业的发展。

在2021上海合作组织现代农业发展圆桌会议上的讲话*
（摘录，2021，杨凌）

上海合作组织秘书长弗拉基米尔·伊玛莫维奇·诺罗夫

上合组织秘书处和杨凌已建立了长期的友好伙伴关系，并形成了10月相聚圆桌会的传统。很遗憾，由于新冠肺炎疫情造成的复杂局面仍然限制着我们的交往。但与此同时，本次线上+线下的会议形式也给予了我们坚定的信心：全球共同抗击致命病毒，早日与上合组织国家朋友相见。

今年是上合组织成立20周年。在这20年里，上合组织在自己的事业中取得了显著的成绩，从成立之初到不断发展，上合组织走过了20年的光辉历程。2021年9月纪念上合组织成立20周年峰会在杜尚别成功举行，会上通过了《上海合作组织20周年宣言》。宣言中指出了今后，特别是新冠肺炎疫情过后的恢复时期我们各国在政治、安全和经济领域的优先发展方向。毫无疑问，上合组织正在适应新的现实环境，制定出克服疫情消极后果的联合措施，启动了工作机制。即便如此，疫情还是给各国的经济活动带来了负面影响，给成员国的农业和粮食安全可持续发展带来了严峻挑战。

今天，全球数百万人的粮食安全和生计取决于农产品的生产效率和国际贸易。在上合组织国家，农村人口占到了52.6%，近17亿人。这些人在粮食生产和粮食从生产者运输给购买者的过程中遇到了各种问题。目前的现实问题是在疫情持续的情况下不间断地为上合组织各国人民提供必需的

---

* 2021年10月22日，2021上海合作组织现代农业发展圆桌会议以视频方式举行，本次会议主题为"加强区域农业合作，保障粮食安全"，上合组织秘书长弗拉基米尔·伊玛莫维奇·诺罗夫线上出席会议并发表讲话。

粮食和食品供给。

上合组织旨在深化各成员国间的经贸合作，增进贸易往来和投资。我们将继续努力，预防生产链断裂，恢复受损的生产链和合作关系，消除保护主义壁垒，制定出统一的认证标准和上合成员国公平的市场准入制度。通过引进绿色创新技术，保障上合组织国家的农村地区获取现代信息技术，帮助我们提高国家的出口潜力。

毫无疑问，今天，数字技术前景广阔。当前条件下的世界贸易将食品跨境电商推向了制高点。据统计，数字经济约占世界贸易的20%，到2025年可增长至25%。在这方面，我想提一下2019年在杨凌设立的上海合作组织农业技术交流培训示范基地。在很短的时间内积极开展活动，该基地成为一个有潜力的多边合作平台，为在上合区域内发展现代智慧农业，实现农产品生产加工联合高科技项目和发展电子商务创造了新机会。我深信，在此基础上，我们将能够完成我们各国领导人提出的任务，在现代农业产业化集群、农业和创新技术园区建设、灌溉领域先进技术转让、旱地开发、行业专家培养等行业形成增长点。借此机会，我想对杨凌示范区政府为上合组织农业基地的成功启用和进一步推进基地所做出的努力表示感谢。

我们将上合组织国家有关部委与联合国粮农组织的伙伴关系视为切实开展多边合作的有效机制。2019年，在上合组织秘书处与粮农组织签署谅解备忘录的基础上，双方采取了深入且富有成效的行动，促进了上合组织国家现代农业的发展。

20年在历史的长河中不过一瞬，我想说，这只是我们事业的开端。令人欣喜的是，今天，多边合作不断扩大，上合组织大家庭正逐步成为积极发展经济和现代农业的平台，并能保障上合组织区域及其人民的粮食安全和稳定发展。

在2019上海合作组织现代农业发展圆桌会议上的讲话

(摘录,2019年10月22日,杨凌)

吉尔吉斯共和国农业、食品与土壤改良部国务秘书
塔舍博洛托夫·马克萨特

我们认为,在杨凌建设上海合作组织农业技术交流培训示范基地特别符合各个成员国的需求,它将扩大各国在农业领域的合作,也将巩固上合组织的合作基础。

按照新的模式,在上合组织范围内,我们在发展现代农业方面可以打造非常好的平台,同时要保证粮食安全。今天举行这样的圆桌会议,对这个问题意义重大。当今世界确实存在着粮食安全问题,大家要多生产绿色产品。这一问题对当今世界非常重要,大家要加强这方面的合作,使我们出口的产品都是绿色环保的,这一点意义非常重大。

我想代表吉尔吉斯共和国代表团再次对相关倡议表示支持,我们也愿意在上合组织范围内支持建设相关中心以加强在先进农业领域方面的合作。

在2019上海合作组织现代农业发展圆桌会议上的讲话

(摘录,2019年10月22日,杨凌)

塔吉克斯坦共和国农业部副部长泽瓦尔绍伊·塔伊贡绍佐达

农业在塔吉克斯坦国家经济中占有重要地位,它不仅为工业提供原材料,还为居民提供食品。目前农业占我国国内生产总值比重高达21%~23%,而且这个指标每年还在呈增长趋势。2013年5月5日,塔中两国领导人签署联合声明,许多合作项目富有成效。这些联合项目旨在推动我国农业快速发展,尤其是支持作物种植,为我国农场提供优良种子、农业机械。塔吉克斯坦具有良好的气候条件,可以种植绿色水果和蔬菜,并具有巨大的农产品出口潜力。在塔吉克斯坦几乎可以生产所有类别的农产品,我国政府高度重视农业部门的发展,为此积极吸引国内外投资。目前,塔吉克斯坦与中国之间已经在农作物的生产和加工、农产品相互供应、农业机械和设备进口、先进经验交流和专家培训等领域建立了广泛合作。

但目前,阻碍向中国出口农产品的主要问题是农产品出口的批发和物流数量不足。此外,我们在产品生产、加工、存储和出口中执行国家标准的能力也较弱,在中国市场上对农产品品牌推动力度也不够。为了下一步合作,我们建议在上合组织联合中心建立农产品出口物流和批发配送服务机构,建立生物技术和生物工程研发交流机制,推广水果和蔬菜加工技术,推动农业生产中引入创新技术。

在2019上海合作组织现代农业发展圆桌会议上的讲话

（摘录，2019年10月22日，杨凌）

乌兹别克斯坦共和国农业部长

扎姆希德·霍贾耶夫

上合组织成员国覆盖30亿人，人口的增长和各国收入水平的提高对各国粮食安全的保障能力施加了越来越大的影响，在各国饮食中，谷物和其他传统作物的份额在下降。遗憾的是，虽然在过去半个世纪中，全世界农作物的收成在不断地提高，但仍然无法满足日益增长的世界人口的需求。提高粮食产量必须运用基于先进成果的先进农业实践。农业是人类最古老的产业，创新一直是这个历史进程的一部分，人类已经摆脱了农业革命而转向绿色革命，上合组织所涵盖的地区是农业发展的摇篮，我们具有巨大的尚未开发潜力，可以将农业创新提升到一个完全的新水平。

农村地区发展是上合组织发展的关键部分，在农业中使用数字技术可以促进村庄繁荣，并可以提供更多的新机会以改善居民的生活质量，并可为中小型农户创造新的市场。我们有必要通过对人才、商业计划等的投资来释放农村地区的潜力。

上合组织所有国家的另一项重要任务，是为农产品的自由流动打开市场，为快速办理卫生、动植物检疫创造条件。在这方面，加强上合组织国家间在植物保护领域的相互协作是一个现实问题，我们呼吁各国积极合作，研发和推广植物保护有关的生物和化学科技成果，交流消灭病虫害的先进经验，建立专家交流机制等。

我们支持习近平主席提出的设立上海合作组织农业技术交流培训示范

基地的倡议,该倡议将为上合组织成员国在现代农业领域的合作注入强大的动力,为世界各国交流农业技术提供上合成功范例。

在第26届杨凌农高会现代农业高端论坛上的发言

（摘录，2019年10月22日，杨凌）

乌兹别克斯坦共和国农业部长

扎姆希德·霍贾耶夫

尊敬的各位来宾，

女士们、先生们：

首先，请允许我向参加现代农业高端论坛的各位来宾表示热烈的欢迎，向今天活动的举办方表示诚挚的感谢！

杨凌农高会是一个得到国际认可的展示和推广新的创新技术和科技成果的独特平台。今天，农业继续飞速发展。粮食问题的加剧使得改善农业及其相关产业，发展土地关系和农业政策变得非常紧迫。根据联合国粮农组织的预测，为保障不断增长的世界人口的粮食供给问题，到2050年，农民需要生产比现在多1.5倍的作物。为实现这一目标，一方面，生产系统要变得更可持续；另一方面，粮食要在国家间和国家内部进行更为公平的分配。如果离开了智慧农业和现代化农业技术的广泛应用，这一任务将无法完成。智慧农业和现代农业技术可以帮助农业活动，特别是小型农场，农业应尽可能实现自动化。

下面，我想谈几个现代农业发展的现实问题：

（一）粮食减损和全球饥饿

当前，世界上有约8.2亿人面临着饥饿或存在吃不饱饭的难题。与此同时，每年全球约有十亿吨粮食被扔掉或浪费。在粮食收获后的储存、运输和加工阶段损失掉的粮食占全球粮食的14%。为避免粮食危机，我们不仅要使用更少的资源，增大粮食产量，还需要更合理地利用粮食。

（二）改变农产品需求结构

目前，在农产品生产领域有两个矛盾的趋势占主导地位。一方面是转基因产品越来越多，另一方面是有机农产品的需求不断增加。预计在未来几年，对有机天然产品的需求只会增加不会减少。与此同时，世界人口的增长又不允许只单一生产有机天然产品。因此，为解决发展中国家的饥馑和粮食危机的问题，需要有可供持续种植、对天气条件要求不高的农作物品种。

（三）气候变化下的科研合作

气候变化从根本上影响着农业活动和粮食安全。气候变化给农业活动的开展带来各种不利影响，从产量的减少或增加，到世界某些地区农业生物多样性的完全丧失。鉴于当前的情况，我们呼吁加强科学研究，以便评估气候变化对农村经济各行业和其分支行业领域的影响，评估他们在不同时间段对不同气候变化情景的影响。这样的研究可以帮助我们更好地为未来做准备。

（四）农业数字化

尽管我们对农业存在传统刻板的印象，但今天的农业在引进先进技术方面还是占据了领先地位。现代的农民已经闲置了铲子和耙子，拿起了智能手机和平板电脑。当然，同任何一门技术一样，它们都存在着缺点，首要的缺点就是昂贵。尽管如此，当前的技术引进进程还是振奋人心的。诞生了新技术革命成果——农工综合体示范平台"工业4.0"。互联网和人工智能正在将所有的生产链连接成一个单一的生态系统，包含从肥料的创新研究和开发、植物和动物物种的培育和繁殖，到生产能够显著影响人类健康和福祉的功能性有机食品等。因此，我想指出的是，能够以合理的价格向市场提供全面解决方案的企业和公司将成为农业数字化行业领域的领导者。

（五）优质农业教育

今天，农业比任何行业和部门都更需要高素质的综合人才。我们的涉农高校需要更快适应当今社会所经历的变化。例如，当前由技术带来的变化使农业变得更加复杂，然而另一方面，当下大学课程和教学大纲却没有跟上农业的变化。

其次，在农业工作领域中缺乏熟练劳动力。现代农业领域迫切需要具有相关专业知识和创造能力，具备吃苦耐劳品质和创新精神的人，运用他们的知识和技能来管理这些现代农业高新技术企业。在这方面，我赞同习近平主席近来对中国涉农高校的殷切嘱托："中国现代化离不开农业农村现代化，农业农村现代化关键在科技、在人才。"所有这些问题都在乌兹别克斯坦政府制定和公布的乌兹别克斯坦《2030年国家可持续发展目标和任务》战略草案中得以体现。该草案将成为在实施联合国可持续发展目标的框架内运用高新技术提高劳动生产率、农作物产量和加强环境保护的纲领性文件。

总的来说，在过去的三年里，乌兹别克斯坦在农业领域实现了根本性的变革和结构性变化。为全面支持和发展农业产业活动，加强农场的物质技术基础，合理利用土地、水和其他自然资源，做了大量工作。因此，土地开垦条件得到了显著改善，同时也建立了具有现代农业节水灌溉系统的高效密集型园艺区。因此，今天我们看到了我国农业的积极进展。

我们非常重视广泛引进现代集约农业技术，改善农产品仓储和产品深加工的基础设施，从而进一步减少与棉花种植有关的土地低产问题。乌兹别克斯坦一半的人口居住在农村地区，但农业创造了国家三分之一的国内生产总值。多年来，乌兹别克斯坦建立了实力强大的涉农培训学校，培养从事棉花、水稻、甜瓜等领域育种研究的专家学者。我们对合作秉持开放态度，愿意吸收利用上合组织国家的技术潜力，愿意与各国在投资研发、人才培训以及基础设施建设等优势领域开展合作。

谢谢大家！

在2021上海合作组织现代农业发展圆桌会议上的讲话

(摘录，2021年10月22日，杨凌)

白俄罗斯共和国农业和食品部副部长
阿列克谢·伊戈尔耶维奇·波格丹诺夫

2020年的特点，主要是外部和内部双重挑战丛生，包括新冠肺炎疫情大流行，白俄罗斯粮食系统保持高度的稳定状态，有能力确保国家粮食安全。我国已经实现食品自给自足和出口导向的国家农业战略。总的来说，农业生产和食品工业的发展，不仅使共和国能够以高质量的农产品打牢国内市场需求，而且还能为确保全球粮食安全作出重大的贡献。

毫无疑问，白俄罗斯共和国与上合组织国家的主要合作领域就是农产品和食品贸易，且得到了有效发展，产品范围不断扩大。2020年底，白俄罗斯与上合组织国家食品贸易总额为66亿美元，我国出口为50亿美元，占我国出口总额的85%以上。今年前8个月，我国对上合组织国家的出口比2020年同期增长了7.5%，2021年俄罗斯、中国、哈萨克斯坦、乌兹别克斯坦和吉尔吉斯共和国，分列白俄罗斯农产品出口前五位。白俄罗斯积极发展农业科技，致力于促进健康饮食、提高劳动生产力和创新农业科技，广泛运用最新的生物技术和手段，显著提高国家应对气候变化和自然灾害的能力。五年来，我们积累了很好的经验，例如，白俄罗斯的科学家开发出了获得原始马铃薯种子的技术，以确保品种的稳定性，并将生产力提高了85%~90%。再如，在植物品种对有害生物的对抗性研究方面，我们增加了农作物保护的国产制剂的种类。

我国目前正在制定与数字化转型相关的立法框架，以扩大数字创新在农业中的运用，我们非常愿意和上合组织伙伴国进行对话。白俄罗斯高度赞赏与上合组织国家的合作，特别是扩大与各国在农业加工领域的合作，我们的未来合作前景光明。

在2021上海合作组织现代农业交流中心启用仪式上的致辞

（摘录，2021年10月22日，杨凌）

联合国粮农组织助理总干事、欧洲及中亚区域代表
弗拉基米尔·奥列格维奇·拉赫马宁

上海合作组织农业技术交流培训示范基地对联合国粮农组织有着特殊的意义，联合国粮农组织和上合组织第一次合作备忘录框架下的视频会议正是在杨凌同事们的支持下举办的。我们很重视与杨凌的合作，建立上海合作组织农业技术交流培训示范基地是中华人民共和国主席习近平提出的重要倡议。当前形势下，建立高效、包容、可持续的粮食系统的关键之一是创新的农业技术。得益于上合组织国家和世界农业的智慧化、数字化和新技术应用，使得农业发展潜力进一步获得释放，农民获取了更多知识性和实效性强、有价值的农业科技信息。农业技术帮助农民提高了生产效率，其中包括使用高质量和稳定的种子、化肥，采用高效、智能的系统。杨凌示范区的特殊作用在于推进了干旱、半干旱地区的农业可持续发展。毫无疑问，这些技术是发展的关键，特别是在之前气候变化导致洪水、干旱和火灾等极端现象的情况下。

在2019上海合作组织现代农业发展圆桌会议上的讲话

（2019年10月22日，杨凌）

中国农业农村部总畜牧师　马有祥

尊敬的上合组织秘书长弗拉基米尔·伊玛莫维奇·诺罗夫先生，

尊敬的刘国中省长，

尊敬的各位嘉宾，

女士们、先生们、朋友们：

大家下午好！春种一粒粟，秋收万颗子，在这硕果累累的美好季节，上合组织成员国、观察员国、对话伙伴国等嘉宾齐聚一堂，共同商讨现代农业领域合作发展工作。在此，我谨代表中国农业农村部热烈欢迎大家参加2019年上海合作组织现代农业发展圆桌会议，并祝愿会议圆满成功。

中国国家主席习近平指出：当今世界正面临百年未有之变局，各国应当齐心协力开展全球性合作，构建人类命运共同体，共同应对各种挑战。我们要牢牢把握世界多极化、经济全球化大势，从"互信、互利、平等、协商、尊重多样文明、谋求联合发展"的"上海精神"中发掘智慧，从团结中获取力量，携手构建更加紧密的上海合作组织命运共同体，体现出我们应有的国际担当，推动国际秩序向更加公平合理的方向发展，共同致力于促进世界持久和平共同繁荣。

农业的发展与打造人类命运共同体息息相关。上合组织是世界上幅员最广、人口最多的综合性区域合作组织，成员国经济和人口总量分别约占全球的20%和40%，拥有巨大的农业发展潜力和广阔的农产品市场。各国农业互补性强，合作潜力大。中方愿与各成员国一道，全面落实上海合作组织成员国元首理事会第十九次会议新闻公报，扎实推进上合组织农业合作深入发展。

一是巩固农业合作机制。充分发挥上合组织农业部长会议、常设农业工作组和常设农业专家工作组作用，定期召开会议，形成部长会议决策，农业工作组执行和专家工作组咨询三位一体的合作机制。

二是推动成员国农业信息共享。加强农业信息交流，推进农业信息系统建设，逐步实现谷物等主要农产品生产、价格和贸易等信息共享。加强动植物疫病疫情通报和疫病防控经验交流，共享动植物疫病防控信息，共同应对自然灾害给农业生产带来的挑战。

三是推进农业科技交流合作。鼓励和支持成员国科研机构开展农业科技交流与合作，制订科技合作计划，就共同关心的领域开展合作研究，共同分享农业科技成果。

四是促进投资贸易合作。投资和贸易是农业发展的原动力。中方愿与各成员国共同搭建上合组织农业投资贸易平台，促进各成员国农业企业间的合作与交流，为区域农业发展增添新动能。中方每年都举办中国国际农产品交易博览会、国际茶业博览会等农业展会，欢迎各成员国向中国消费者推介各国优质农产品。

五是推动在杨凌设立上海合作组织农业技术交流培训示范基地。杨凌是华夏农耕文明的重要发祥地，是中国著名农科城，也是中国唯一农业特色鲜明的自贸试验片区，具有良好的国际农业交流经验和基础。目前，通过扎实开展援外培训，已累计举办各类援外培训项目110个，为全世界120个国家培训各类农业官员和农技人才2500余人。

我们计划力争通过三至五年的努力，全面建成以杨凌为核心的上海合作组织农业技术交流培训示范基地，在农业技术交流、人才培训和项目合作示范上探索机制、打造模式，推动上合组织国家农业领域人员、信息、产品的流通。我们还计划面向上合组织国家常态化举办各类培训班，同步开展研究生教育培养和农业技术项目联合研究；建立上合组织国家农业交往、科技合作专项会晤会议机制；推动形成上合组织国家间农业自由贸易合作机制。

各位来宾,各位朋友!

中国政府高度重视上合组织区域合作与发展。我们愿意继续与其他成员国一道,携手努力,开拓创新,共同探讨上合组织国家现代农业交流合作发展的新模式、新路径,促进各国现代农业提质增效,发展壮大,造福区域人民。

谢谢大家!

在 2019 上海合作组织现代农业发展圆桌会议上的讲话

(2019年10月22日，杨凌)

中国政府上合组织事务特别代表兼上合组织中方协调员　孙立杰

尊敬的各位嘉宾，
同事们、朋友们！

很高兴出席今天的会议，和来自上海合作组织成员国、观察员国、对话国的负责人和专家学者齐聚陕西杨凌，共同探讨推动上海合作组织现代农业的发展。这是今年本组织在总理会议前举行的一次重要活动，对于提升本组织国家的农业合作水平，丰富本组织务实合作内涵具有重要的意义。

中国有一句古话叫作"民以食为天"，用今天的话来说"农业是安民之基，治国之要"。新中国成立以来，农业持续稳定发展，农村民生得到全面改善，农村的改革深入推进，为决胜全面建成小康社会和开启全面建设社会主义现代化强国的新征程奠定了坚实的基础。

上海合作组织国家农业资源丰富，比较优势突出，农业合作的机制健全，各方都高度重视农业领域的国际合作。2019年6月上合组织成员国的元首在《比什凯克宣言》中指出，"各方要进一步加强领域合作"，习近平主席倡议在中国陕西设立上合组织的农业技术交流培训示范基地，加强地区国家在现代农业领域的合作。这一倡议契合我们的需求，获得了各方的积极响应。为了落实习近平主席的上述倡议，在各方大力支持下，中国政府有关部门和陕西省政府依托中国杨凌农业高新技术产业示范区，全力推进示范基地的建设。杨凌示范区多年来坚持走农科教、产学研紧密结合发展之路。致力于构建现代农业产业体系，统筹城乡一体化发展，提升对外合作交流的水平。刚才，各国代表团的成员也都参观了现代农业基地，也参与了示范基地的奠基仪式，相信大家都有深刻的感受，相信在各方的共同努力下，上合组织农业基地的建设工作一定会稳妥地推进，杨凌的经验将与各国农业领域相关理论和实践良性互动，最终将形成区域国家农业高质量发展的上合方案。

当前，上合组织各领域的务实合作正在发展，各方弘扬"上海精神"，努力将示范基地打造成本组织开展现代农业合作的有效平台，正在努力为促进各国农业全面发展，满足各国人们对美好生活的向往，构建上海合作组织命运共同体作出新的更大贡献。

最后，预祝本次圆桌会议取得圆满成功！

谢谢大家！

在 2020 上海合作组织现代农业发展圆桌会议上的讲话

（2020年10月22日，线上发言）

中国商务部电子商务和信息化司二级巡视员　朱炼

尊敬的赵一德省长，
尊敬的上合组织秘书长诺罗夫先生、副秘书长卓农先生，
各位领导、各位嘉宾，
女士们、先生们：

  大家下午好！很高兴出席"2020上海合作组织现代农业发展圆桌会议"，虽然只能以视频方式，但"相知无远近，万里尚为邻"，在此，我谨代表中国商务部电子商务和信息化司，对与会的各位嘉宾表示热烈的欢迎和诚挚的谢意！

  在过去几个月里，中国人民同各国人民一道，相互支持、相互帮助，共同为抗击新冠肺炎疫情、应对新冠肺炎疫情带来的全球性挑战作出了艰苦努力。上合组织各国加强联防联控，感受到了守望相助、共克时艰的情谊。十九年来，我们在风雨中坚定信心，在变局中开创新局，共同推进区域经贸合作，积极拓展合作新领域新途径，在包括农业合作在内的区域经贸合作方面取得了积极成效。中国与上合组织各国积极开展交流活动，不断加强合作对接，建立了乌苏里斯克经贸区等37个境外经贸合作区，带来良好的产业聚集效应。2019年，各成员国贸易总额达2588亿美元，比上合组织建立之初增长了20余倍。我们正在共同探索更加契合实际的农业合作新模式、新通道，进一步巩固上合组织农业合作成效，深化农业区域合作。

  众所周知，电子商务深刻影响改变了我们的生产和生活方式，带动了

营销、配送、支付方式的改革，培育了消费的新需求，开辟了就业创业的新领域。在抗击新冠肺炎疫情的过程中，电子商务更是展示出强劲的活力和韧性，成为经济社会发展的稳定器。据统计，中国电子商务交易规模从2010年的4.55万亿元增长到2019年的34.81万亿元。过去9年，中国电商交易规模的年均复合增速达25%，市场规模和发展速度都稳居世界前列，保持了强劲发展势头，尤其是社交电商、直播电商等新模式不断涌现，人工智能、虚拟现实等新技术迅猛发展，中国电子商务呈现出不可估量的发展潜力。今年上半年，中国实现网上零售额5.15万亿元人民币，同比增长7.3%。商务部会同有关部门举办的第二届"双品网购节"，带动同期全国网络零售额超4300亿元，同比增长20.8%。作为新兴贸易业态，跨境电商为应对新冠肺炎疫情的冲击和促进全球贸易顺畅发挥了积极作用。前三季度，通过中国海关跨境电商管理平台进出口总额达1873.9亿元，同比增长52.8%。电子商务已作为提高经济运行质量和效率，促进产业结构调整的重要力量。

中国政府高度重视电子商务发展，不断优化电子商务发展环境，完善政策，创新管理，优化服务，推进新模式、新业态、新规范的发展，同时推动重点领域的试点示范，如电子商务示范城市、示范基地、示范企业、跨境电子商务综合试验区、电子商务进农村综合示范点等，并深入推进"丝路电商"，加强电子商务国际合作，积极开展电子商务多双边议题磋商。截至目前，中国已与五大洲22个国家建立了双边电子商务合作机制，电子商务已成为"一带一路"共建中最为活跃、最有发展潜力的经贸合作新引擎。

习近平主席今年在陕西省考察时指出，电商在农副产品的推销方面大有可为。陕西是中国农业大省，陕西杨凌示范区是第一个国家级农业高新技术产业示范区，也是首个农业自由贸易区，科研实力雄厚、农业特色产业集聚，具有发展农产品跨境电商产业的得天独厚的区位优势。上合组织国家农业各具特色，互补性强，在农产品跨境电商贸易方面具有巨大合作潜力，以新业态助力上合组织农业贸易长足发展必定大有可为。我们期待与各国多层次、多领域推进农业区域合作，加强各国特色农产品的交流推广，推动区域特色农产品市场与跨境电商产业的融合发展，促进农产品跨境贸易便利化，共同拓展上合组织国家合作的新发展空间。

女士们、先生们、朋友们，

当今世界正经历百年未有之大变局，各国面临的国内外环境都发生着深刻复杂的变化。新冠肺炎疫情的蔓延加速了这些变化，世界经济低迷，国际贸易和投资大幅萎缩，给我们的生产生活带来前所未有的挑战和考验。中国期待与上合组织各国一起努力，"在危机中育新机、于变局中开新局"，充分发挥各国的区位优势、资源禀赋、产业特色，探索出适合上合组织互利共赢的现代农业发展新模式，推动上合组织国家现代农业的深度融合发展。

最后，感谢上合组织秘书处、陕西省政府给予本次会议的大力支持，感谢会议承办方所做的精心筹备。

祝本次会议圆满成功！

谢谢大家！

在2020上海合作组织现代农业发展圆桌会议上的讲话

（2020年10月22日，杨凌）

中国农业农村部副部长　张桃林

尊敬的诺罗夫秘书长，

各位嘉宾，

女士们、先生们、朋友们：

大家下午好！金秋十月，丹桂飘香。很高兴在美丽的农科城杨凌，与大家连线参加"2020上海合作组织现代农业发展圆桌会议"。在此，我谨代表中华人民共和国农业农村部，对会议的举办表示热烈祝贺，对出席本次会议的各位嘉宾表示热烈欢迎。

2020年，突如其来的新冠肺炎疫情给全球经济发展造成前所未有的冲击，同时也给本区域农业生产、农产品流通带来严峻挑战，农业生产活动迟滞，农产品供给渠道不畅，农业稳产保供压力加大。在疫情形势下，每一个国家都不能独善其身。加强合作、同舟共济、共克时艰，是最好的应对举措，对于确保本区域农业产业链、农产品供应链稳定，显得尤为重要和迫切。因此，当前举办上合组织现代农业发展圆桌会议，交流各成员国彼此应对疫情的好经验、好做法，探讨加强上合组织农业合作的新举措、新路径，十分及时，十分必要，应予高度肯定。

农业是稳定经济社会的"压舱石"，越是面对风险，越要稳住农业。今年，中国政府积极应对新冠肺炎疫情影响：一是不误农时抓好农业生产，全年粮食产量继续稳定在6.5亿吨以上，粮食安全得到有力保障；二是持续推动农业供给侧结构性改革，不断优化完善农产品市场流通体系建设，电子商务已成为突破农产品物流瓶颈的新型流通模式，并得到快速发展；三是进一步扩大农业对外开放，农产品贸易总体保持稳定增长的发展态势，与上合组织成员国的农业贸易伙伴关系进一步加强。中国农业发展经受住了新冠肺炎疫情的大考和检验，中方愿与上合组织各成员国分享应对新冠肺炎疫情的经验做法，共谋上合组织农业合作，共促区域农业协同发展。

女士们、先生们，

中国与上合组织成员国农业互补性强，合作潜力大。特别是在新冠肺炎疫情形势下，加强上合组织农业合作，既有坚实基础，也有现实需要。中国愿与上合组织各成员国共同携手，推进农业领域务实合作向更广领域、更深层次拓展。为此，我提出三点倡议。

一是致力于创新农业合作机制。探索建立各方参与的农业领域交流合作平台，围绕农业发展共性关键问题，协同创新、共同应对。中方愿意积极发挥陕西杨凌干旱半干旱地区现代农业的发展优势，与上合组织各成员国一道，共建上合组织农业技术交流培训示范基地，共享合作成果，筑牢上合组织国家长久农业合作的关系纽带。

二是致力于推动农业产能合作。上合组织各成员国农业自然资源禀赋和产业发展互补性强，市场空间广阔。中方愿以上海合作组织农业技术交流培训示范基地为平台，进一步深化与各方在农业技术、农业投资、农业贸易等领域的务实合作，共促区域农业可持续发展。

三是致力于拓展农业产业链、供应链合作。疫情形势下，跨境电商在推动农产品跨境贸易方面发挥着积极作用。中方愿与各方一道，积极探索拓展上合组织农产品贸易的新模式，推动成员国间农产品检验检疫标准互认，扩大农产品相互市场准入、贸易便利化水平，推动建立上合组织跨境农产品贸易平台，实现区域内农产品贸易快速发展。

女士们、先生们，

合作是共赢之道。让我们携手共同努力，推动上合组织农业共同发展，为保障世界粮食安全、构建人类命运共同体作出更大贡献。

最后，预祝2020上合组织现代农业发展圆桌会议圆满成功！

谢谢大家！

在2021上海合作组织现代农业发展圆桌会议上的讲话

（2021年10月22日，杨凌）

中国农业农村部副部长　马有祥

尊敬的赵一德省长，

尊敬的上合组织诺罗夫秘书长，

各位代表，

女士们、先生们：

大家好！很高兴与大家共同出席"2021上海合作组织现代农业发展圆桌会议"。受新冠肺炎疫情影响，我们只能通过视频云端相聚，但仍感到十分亲切。这次会议是上海合作组织现代农业发展圆桌会议的第三届会议，得益于各国与陕西省的支持，这项机制日渐成熟，同上海合作组织成员国农业部长会议互为补充，对扩大地区国家的交流合作发挥了积极作用。

今年是上合组织成立20周年。回顾这20年，农业始终是上合组织国家合作的重点领域，各国秉持"上海精神"，在农业政策、科技、经贸、人才等领域开展了富有成效的合作，真正做到了亲戚越走越近、朋友越交越深、发展越来越好。20年间，上合组织成员国的粮食产量增长超过40%，中国与其他成员国的农产品贸易额增长8倍多。在全球粮食安全形势严峻的情况下，上合组织这片区域始终稳中向好，各国共同谱写了合作发展、团结进步的佳话。

女士们，先生们，

粮食安全是世界和平与发展的首要前提，是构建人类命运共同体的重要基础。中国政府始终把解决吃饭问题作为治国理政的头等大事，全力以赴确保国家粮食安全。我们践行"藏粮于地、藏粮于技"战略，落实最严格的耕地保护制度，用现代农业科技和物质装备来强化粮食安全支撑。2020年，中国粮食产量达到6.695亿吨，连续6年保持在6.5亿吨以上，人均粮食稳定在470公斤以上。今年中国克服了灾害、疫情等影响，预计全年粮食产量将再创新高，连续7年保持在6.5亿吨以上。在全球新冠肺炎疫情背景下，中国稳定实现粮食丰收保供，具有特殊重要意义，不仅体现了中国政府以人民为中心的发展思想，也是对世界粮食安全的积极贡献。

女士们、先生们，

上个月，联合国刚刚召开了世界粮食峰会，各国普遍认为，眼下距实现联合国2030年可持续发展议程仅剩下十年，各方应当加倍努力，构建更高效、更包容、更具韧性和更可持续的农业粮食系统。

上合组织国家横跨欧亚大陆，人口占世界近一半，国内生产总值占全球20%以上，我们应当深入挖掘自身潜力，加大协作互助，稳住农业发展"基本盘"，筑牢经济社会"压舱石"，端牢本国人民的饭碗，同时为区域和全球粮食安全和农业发展发挥更大作用。围绕本次会议"加强区域农业合作，保障粮食安全"这一主题，我愿提四点倡议。

一是强化农业合作机制。上合组织国家应当巩固强化现有合作平台，创新合作机制模式，各方可依托杨凌上海合作组织农业技术交流培训示范基地，嫁接合作资源，拓展合作机遇，共享合作成果，织牢合作网络。

二是加强农业科技协作。各国围绕区域农业发展共性关键问题，加强科研联合攻关，加大技术转移推广，探索高效适宜的解决方案。要密切科技人员交往，扩大人才培养，夯实区域农业现代化的人才基础。

三是深化农业产能合作。各国要加大农业投入，强化基础设施，推动生产绿色转型，促进农业高质量增长，同时积极创造良好营商环境，扩大国家间的农业产业链价值链合作，提升区域农产品供给能力和水平。

四是畅通产业链供应链。各国应维护开放、包容、公平的多边贸易体系，提升贸易便利化水平，减少不必要的贸易限制，探索跨境电商等新模式，确保区域内农产品贸易畅通。

女士们，先生们，

上合组织农业合作走过20年风雨，铸就20年辉煌。相信在我们的共同努力下，必将迎来更加美好的未来！中国政府愿与各国携手同行、通力合作，为维护上合组织国家粮食安全，推动构建人类命运共同体作出更大贡献。

谢谢大家！

上海合作组织农业技术交流培训示范基地建设大事记

（2019年6月—2022年7月）

2019年

6月

6月14日　习近平主席在上海合作组织成员国元首理事会第十九次会议上提出了"中方愿在陕西省设立上海合作组织农业技术交流培训示范基地，加强同地区国家现代农业领域合作"的重大倡议。

6月18日　陕西省委书记胡和平到杨凌调研上海合作组织农业技术交流培训示范基地建设有关情况，就基地建设工作提出具体要求。

6月23日　上合组织秘书处副秘书长卓农·谢拉利访问杨凌，调研上海合作组织农业技术交流培训示范基地建设有关情况。

8月

8月28日　陕西省委副书记贺荣、陕西省副省长魏增军到杨凌调研上海合作组织农业技术交流培训示范基地建设工作。

9月

9月3日　陕西省委、省政府发文成立省长刘国中任组长，省委副书记贺荣、省政府副省长魏增军任副组长的陕西省上海合作组织农业技术培训示范基地建设领导小组。

9月3日　陕西省副省长徐大彤召开专题会议，听取上海合作组织农业技术交流培训示范基地建设情况汇报。

9月12日　陕西省委副书记贺荣带队，赴农业农村部汇报上海合作组织农业技术交流培训示范基地建设情况，并与农业农村部部长韩长赋座谈。

9月14日　陕西省委副书记贺荣带队出访俄罗斯、乌兹别克斯坦和塔吉克斯坦三国，推动杨凌与上合组织国家间的合作。

9月18日　陕西省省长刘国中赴杨凌调研上海合作组织农业技术交流培训示范基地建设。

9月21日　上合组织成员国乌兹别克斯坦房屋建筑研修班在杨凌开班。

9月25日　上合组织成员国巴基斯坦"一带一路"建设与推进研修班在杨凌开班。

9月26日　陕西省副省长魏增军带队赴外交部专题汇报上海合作组织农业技术交流培训示范基地建设情况，并与外交部党委书记齐玉座谈。

9月27日　陕西省省长刘国中主持召开陕西省上海合作组织农业技术交流培训示范基地建设领导小组第一次会议，研究审议基地建设方案及重点项目，对培训基地建设工作进行了安排和部署。

10月

10月17日　陕西省副省长徐大彤到杨凌调研上海合作组织农业技术交流培训示范基地建设情况。

10月21日　陕西省省长刘国中在杨凌会见乌兹别克斯坦农业部长一行。

10月22日　上合组织秘书长诺罗夫、乌兹别克斯坦农业部长扎姆希德·霍贾耶夫等14位上合组织国家农业部级官员在杨凌出席上合组织现代农业发展圆桌会议、现代农业高端论坛、培训中心奠基仪式及实训基地启用仪式等上合组织有关活动。

10月23日　塔吉克斯坦哈特隆州长哈基姆佐达·库尔邦、老挝农林部副部长本宽·坎本合、吉尔吉斯斯坦国务秘书塔舍博洛托夫·马克萨特、柬埔寨农业部长郑敬苏、柬埔寨环境部副部长英速帕拉出席中国杨凌农高会全球推介大会。杨凌示范区分别与乌兹别克斯坦、老挝、吉尔吉斯斯坦、斯里兰卡、塔吉克斯坦、柬埔寨等6国签订了现代农业技术交流试验示范合作协议。

10月23日　陕西省省长刘国中在西安会见塔吉克斯坦哈特隆州州长哈基姆佐达·库尔邦一行。

10月24日　陕西省副省长赵刚在西安会见柬埔寨环境部副部长英速帕拉、柬埔寨农业部副部长郑敬荪一行。

11月

11月2日　国务院总理李克强在塔什干出席上海合作组织成员国政府首脑（总理）理事会第十八次会议发表讲话时强调："中方将继续在陕西建设上海合作组织农业技术交流培训示范基地，促进高新技术更好服务上合组织国家经济社会发展。"

12月

12月16日　杨凌示范区组织专家赴乌兹别克斯坦、塔吉克斯坦对接建设农业科技合作园区的前期工作。

2020年

1月

1月23日　农业农村部委托相关专家起草的《关于上海合作组织农业技术交流培训示范基地的法律地位和认定程序的补充说明》经陕西省省长刘国中、副省长魏增军审阅批准。

1月23日—2月2日　陕西省政府与农业农村部共同对接外交部，进一步完善《关于上海合作组织农业技术交流培训示范基地的法律地位和认定程序的补充说明》。

2月

2月15日　向陕西省政府报送《关于进一步明确上海合作组织农业技术交流培训示范基地建设管理机制的请示》。

2月17日　向陕西省政府报送《关于继续做好上海合作组织农业技术交流培训示范基地建设措施的请示》。

2月24日　与上合组织秘书处对接，对印度提出法律地位问题反馈文本进行确认，并提交印度方面。

4月

4月9日　塔吉克斯坦驻华大使馆就杨凌示范区向塔方农业部捐赠医疗物资事宜专门致信感谢，并表示将持续加强同杨凌在农业领域的合作交流，共同推动上海合作组织农业技术交流培训示范基地建设。

5月

5月3—4日　农业农村部国际合作司赴杨凌，调研上海合作组织农业技术交流培训示范基地建设。

5月8日　上合组织秘书处向中共陕西省委书记胡和平、陕西省省长刘国中、副省长兼杨凌示范区管委会主任魏增军，以及杨凌示范区管委会致感谢信，感谢杨凌示范区管委会为上合组织国家捐赠新冠肺炎疫情防疫物资。

5月27日　杨凌示范区首次成功举办面向上合组织国家的农业远程培训，来自乌兹别克斯坦、巴基斯坦、伊朗等上合组织国家在内的19个国家的100多名学员参与线上学习。

6月

6月14日　上合组织农业技术交流培训中心（现代农业国际交流培训示范中心）项目正式开工建设。

6月14日　"2020中国农业远程培训课"第二期上线，为来自印度、哈萨克斯坦、巴基斯坦、俄罗斯等上合组织国家在内的24个国家的150多名国外学员在线开授《中国与"一带一路"农业国际合作》课程。

6月14—19日，邀请中国社会科学院俄罗斯东欧中亚研究所所长孙壮志、中国上海合作组织研究中心秘书长邓浩等6位上合问题研究专家，就上合组织农业基地建设重大问题进行深度解析并以署名文章形式对外发布。

6月17日　海关总署副署长李国在陕西省副省长徐大彤陪同下赴杨凌，就综合保税区申报建设及产业发展等情况进行调研。

6月19日　上合组织秘书长弗拉基米尔·伊玛莫维奇·诺罗夫就上合组织农业基地建设专门发视频致辞。

7月

7月2日　杨凌示范区管委会与西安外国语大学共同设立的上合组织现代农业国际合作多语种翻译中心在杨凌揭牌。

7月6日　上合组织现代农业发展研究院正式揭牌成立，上合组织国家区域农业合作网正式上线。

7月18日　上合组织副秘书长卓农赴杨凌，调研上海合作组织农业技术交流培训示范基地建设情况。

8月

8月23日　陕西省政府代省长赵一德赴杨凌，调研上海合作组织农业技术交流培训示范基地。

8月30日　8月30日—9月1日，陕西省副省长魏增军带领省级相关部门赴京，拜访国办、农业农村部、科技部等，汇报上海合作组织农业技术交流培训示范基地建设等工作。

9月

9月9日　海关总署、西安海关等专家一行赴杨凌，就陕西进境植物种苗指定口岸杨凌进境植物种苗隔离检疫圃进行验收。

9月28日　农业农村部国际合作司司长隋鹏飞主持召开上海合作组织农业技术交流培训示范基地建设协调机制联络员第一次会议，研究了协调机制第一次会议筹备有关事宜。

10月

10月21日　上海合作组织成员国第五次农业部长会议审议通过《上海合作组织农业技术交流培训示范基地建设倡议》，并正式写入部长会议纪要，基地倡议法定程序履行完成。

10月21日　陕西省省长赵一德在杨凌分别会见了出席农高会的乌兹别克斯坦驻华大使赛义多夫、吉尔吉斯斯坦驻华大使巴克特古洛娃。

10月22日　在第27届杨凌农高会开幕式上，上合组织秘书长诺罗夫、陕西省委书记刘国中、陕西省省长赵一德、陕西省政协主席韩勇、农业农村部副部长张桃林、科技部副部长徐南平共同为上海合作组织农业技术交流培训示范基地（简称"上合组织农业基地"）揭牌。

10月22日　2020杨凌现代农业高端论坛举行，上合组织秘书长诺罗夫、乌兹别克斯坦驻华大使赛义多夫、吉尔吉斯斯坦驻华大使巴克特古洛娃等嘉宾，围绕农业科技创新、农业产业化、国际农业合作等内容发表演讲。

10月22日　上合组织农业基地建设协调机制第一次会议在杨凌召开，农业农村部副部长张桃林主持会议并讲话，陕西省副省长魏增军出席会议并讲话，外交部、科技部、国家发展改革委、教育部、商务部有关司局负责人参加了会议。

10月22日　2020上合组织现代农业发展圆桌会议举行。上合组织秘书长诺罗夫、陕西省省长赵一德、农业农村部副部长张桃林、陕西省副省长魏增军出席会议，14个上合组织国家农业官员通过视频方式参加会议。会议决定，上合组织现代农业发展圆桌会议将作为上合组织国家间现代农业合作交流的固定平台定期举办。会议一致通过了《2020上合组织现代农业发展杨凌倡议》。

10月22日　上合组织国家优质农产品展示交易中心开展仪式举行，上合组织秘书长诺罗夫、副秘书长卓农、陕西省政协副主席杨冠军出席开展仪式。

10月23日　2020上合组织国家合作创建农业产业化集群研讨会在杨凌举行，农业农村部规划设计研究院、俄罗斯联邦总商会、乌兹别克斯坦布哈拉自贸区等参会代表围绕"上合组织国家农业产业化集群草案纲要"开展交流讨论，推动上合组织农业合作交流务实发展。研讨会期间，杨凌示范区管委会与上海政法学院签署战略合作框架协议，成立上合组织农业合作法律服务中心；俄罗斯联邦总商会与杨凌现代农业国际合作有限公司签署战略协议。

11月

11月9日　上合组织蓝皮书《上合组织命运共同体建设：机遇和挑战（2020）》通过腾讯会议平台正式发布。

11月10日　上合组织成员国元首理事会第二十次会议以视频会议形式举行，习近平主席在北京出席并发表重要讲话。本次会议《莫斯科宣言》中明确提到"成员国注意到中华人民共和国关于在杨凌设立上海合作组织农业技术交流培训示范基地的倡议"。

11月30日　上合组织成员国政府首脑（总理）理事会第十九次会议以视频会议形式举行，国务院总理李克强在讲话中提到："中方将发布'中国对上合组织成员国贸易指数'，加快'中国—上合组织地方经贸合作示范区'、上海合作组织农业技术交流培训示范基地建设，推动上合组织务实合作朝着纵深方向发展。"

12月

12月2日　陕西省常务副省长梁桂赴杨凌调研上合组织现代农业交流中心等项目建设情况。

12月13日　习近平总书记、李克强总理等中央领导同志先后对农业农村部《关于推进上海合作组织农业技术交流培训示范基地建设有关情况的报告》圈阅批示。

12月18日　第七期上合农业基地远程培训成功举办。

12月25日　上合农业基地建设协调机制第二次联络员会议在农业农村部召开。

12月31日　陕西省内首批创建的16家上海合作组织农业技术交流培训示范基地实训基地全部完成挂牌。

2021年

1月

1月6日　陕西省副省长魏增军赴杨凌调研上海合作组织农业技术交流培训示范基地建设情况。

1月8日　陕西省副省长魏增军主持召开上合组织农业基地建设专题会，听取各有关方面工作进展情况汇报并调研有关事项。

1月28日　上海合作组织农业技术交流培训示范基地2021年首期培训班开课。

2月

2月1日　塔吉克斯坦农业部致函表示，塔吉克斯坦农业部有意与上合组织业基地在农业基础设施、机械化服务、农业技术推广、畜牧良种培育等方面开展合作。

2月10日　上合组织秘书长诺罗夫通过视频向杨凌示范区发来新春祝福。

3月

3月10日　上海合作组织粮食安全研讨会在上合组织农业基地举办，上合组织副秘书长卓农主持会议，联合国粮农组织助理总干事弗拉基米尔出席并致辞。

3月26日　上合组织农业基地建设协调机制联络员会议在杨凌召开，农业农村部、外交部、科技部、教育部、商务部等协调机制成员部委代表与会并审议了《上海合作组织农业技术交流培训示范基地建设方案》及2021年重点工作。

5月

5月14日　上合组织成员国涉农高校联盟在西北农林科技大学成立，8个上合组织国家19所大学和60余名代表签署意向书。

5月19日　上合组织农业基地推介会暨上合组织成立20周年农业合作成果展在北京举行，上合组织秘书长诺罗夫、农业农村部国家首席兽医师（官）李金祥、陕西省副省长魏增军等人出席活动并致辞。

5月31日　阿尔巴尼亚共和国等驻华使节团访问杨凌，了解上合组织农业基地建设情况，考察了杨凌农业高新技术产业示范区和西北农林科技大学中国旱区节水研究院。

6月

6月7日　中—哈农业科技示范园（北哈州）正式开启2021年小麦和亚麻、油菜等粮油作物播种工作，种植面积4500亩，较2020年增加1500亩。

6月8日　陕西省副省长魏建锋赴杨凌调研上合组织农业基地建设情况。

6月10日　陕西省委书记刘国中主持召开座谈会，听取上海合作组织农业技术交流培训示范基地建设进展情况汇报和专家学者的意见建议，研究部署相关工作。

6月14日　上合组织秘书长诺罗夫接受媒体专访，高度赞赏上海合作组织农业技术交流培训示范基地建设成效。

7月

7月16日　上合组织成员国常设农业专家工作组会议审议通过《上海合作组织农业技术交流培训示范基地建设框架构想》，并提交上合组织成员国第六次农业部长会议审议。

7月24日　陕西省省长赵一德在西安主持召开上海合作组织农业技术交流培训示范基地建设领导小组会议。

7月30日　农业农村部国际合作司司长隋鹏飞主持召开上海合作组织农业基地建设部际协调机制联络员会议，研究部署基地建设有关工作。

8月

8月12日　第六次上合组织成员国农业部长会以视频形式举办，农业农村部首席兽医师李金祥率团与会，会议审议通过《上海合作组织农业技术交流培训示范基地建设框架构想》等文件，各代表团团长同意在自愿平等的原则上实施《框架构想》，标志着上合组织农业基地圆满完成上合组织法定审批程序，成为首个上合组织成员国一致同意的"共商、共建、共享"的农业交流合作平台。

8月25日　陕西省副省长魏建锋赴杨凌调研上海合作组织农业技术交流培训示范基地和综合保税区建设等工作。

9月

9月9日　陕西省委副书记胡衡华主持召开上合组织农业基地建设专题会，听取基地建设进展情况汇报，研究加快推进基地建设措施。

9月29日　陕西省省长赵一德赴杨凌调研并主持召开推动杨凌示范区高质量发展座谈会，强调要建好合作平台，围绕建设"一带一路"现代农业国际合作中心，加快上合组织农业基地建设。

10月

10月15日　陕西省副省长蒿慧杰赴杨凌调研上合组织农业基地等重大项目建设情况。

10月20日　上合组织农业基地经贸投资促进中心揭牌成立。俄罗斯联邦总商会、亚美尼亚中国关系发展中心、亚欧国际物资交易中心等三家机构在经贸投资促进中心（ACPC）设立办事机构。

10月22日　2021上海合作组织现代农业发展圆桌会议以视频方式召开，上合组织秘书长诺罗夫、陕西省省长赵一德出席并致辞，农业农村部副部长马有祥、陕西省副省长魏建锋出席会议。16个上合组织国家围绕"加强区域农业合作，保障粮食安全"主题展开研讨。

10月22日　2021杨凌国际农业科技论坛成功举办，来自19个国家62个单位的94名全球相关领域知名学者聚焦数字乡村与现代农业发展、植物种业与粮食安全、生态治理与美丽乡村等主题分享经验，探索共同发展路径。

上合组织现代农业交流中心建成启用，上合组织秘书长诺罗夫通过视频致辞祝贺。

10月23日　上合组织农业基地实训基地授牌仪式在杨凌举办，陕西省省长赵一德出席并致辞，为哈萨克斯坦爱菊农产品物流加工园区、中乌现代农业科技示范园、中国热带农业科学院科技信息研究所和福建海洋研究所等4个境内外实训基地授牌。

10月25日　上合现代农业发展研究院发布了《"一带一路"与上合组织国家发展报告》《上海合作组织国家农业发展报告》《中亚五国农业》《"一带一路"农作物新品种（白俄罗斯篇）》《丝绸之路经济带农业发展报告》5个智库报告。

10月29日　上合农业优选出口基地的苹果搭乘中欧班列走出国门，发往乌兹别克斯坦，这是陕西省首次通过中欧班列将苹果运往乌兹别克斯坦。

11月

11月26日　陕西省委常委、省委宣传部部长王晓赴杨凌调研上合组织农业基地建设情况。

11月29日　杨凌职业技术学院乌兹别克斯坦国立古利斯坦大学现代农业学院揭牌成立，设在乌兹别克斯坦国立古利斯坦大学，这是杨凌职院建立的第二个海外分校。

12月

12月11日　上合现代农业发展研究院召开项目启动研讨会，启动首批10个项目，将产出高水平智库报告和科研合作成果，可为我国与上合组织成员国开展现代农业合作提供重要决策依据和行动方案。

12月15日　农业农村部在海南省海口市为上海合作组织农业技术交流培训示范基地（陕西）、中国热带农业科学院（海南）、中国水产科学研究院淡水渔业研究中心（江苏）及中国农业科学院沼气科学研究所（四川）等授予"中非现代农业技术交流示范和培训联合中心"。

2022年

1月

1月29日　上合组织秘书长张明致信杨凌示范区，对上海合作组织农业技术交流培训基地建设工作给予充分肯定。

2月

2月16日　农业农村部副部长马有祥同上合组织新任秘书长张明举行会谈，就进一步推进上海合作组织农业技术交流培训示范基地建设等事项交换意见。

2月25日　杨凌示范区管委会与乌兹别克斯坦锡尔河州锡尔河区友好交流与合作会议以视频形式举办，双方就农业国际合作、农业科技交流示范、教育培训等事项进行了交流。

3月

3月3日　3月3—4日，农业农村部国际合作司一级巡视员谢建民一行赴杨凌考察，为金砖国家农业部长会议筹备实地踏勘，并举行筹备工作座谈会，指导各项筹备工作开展。

3月15日　农业农村部国际合作司、国家乡村振兴局组织召开视频会议，讨论金砖农业部长会议及金砖国家农村发展和减贫研讨会筹备工作方案，交流会议筹备细节。

4月

4月21日　陕西省委常委刘强赴杨凌调研上海合作组织农业技术交流培训示范基地建设情况。

5月

5月25日　陕西省省长赵一德在西安主持召开上合组织农业基地建设领导小组会议，会议审议了2022年基地建设重点工作任务。

6月

6月1日　上合组织青年科技创新论坛减贫合作与乡村发展平行论坛成功举办，上合组织副秘书长洛格维诺夫，乌兹别克斯坦、吉尔吉斯斯坦、白俄罗斯等国驻华使节，以及农业国际组织负责人，科技界、教育界、企业界人士，青年代表等嘉宾线上参会，围绕上合组织框架下的减贫合作与乡村发展进行深入对话交流。

6月14日　在习近平主席倡议设立上海合作组织农业技术交流培训示范基地三周年之际，陕西省上海合作组织农业技术交流培训示范基地建设座谈会在西安召开，陕西省委书记刘国中出席并讲话，陕西省省长赵一德主持会议，陕西省副省长蒿慧杰出席会议。

6月15日　由杨凌示范区党工委管委会、中央广播电视总台国际在线共同主办的"上合你好，我是杨凌——2022上合组织农业基地云上推介会"在杨凌成功举办。

7月

7月1日　农业农村部、外交部、科技部、陕西省人民政府关于印发《上海合作组织农业技术交流培训示范基地建设方案》的通知。《方案》提出，依托我国尤其是杨凌农业高新技术产业示范区农业特色优势，打造技术、商贸、政策、人文等多层次交流的平台体系，探索产学研各类主体参与上合组织合作的机制模式，建设集"科技合作、人才培育、技术推广、经贸促进"四项功能于一体的上合组织农业基地，加速推动我国农技装备、优良品种和农业服务"走出去"，精准服务上合组织国家农业现代化、产业化和可持续发展，有效助力"一带一路"农业合作和全球粮食安全保障。

图书在版编目（CIP）数据

从中国倡议到上海合作组织共享平台：上海合作组织农业技术交流培训示范基地回眸与前瞻 / 邓浩主编；杨凌示范区管委会，中国上海合作组织研究中心编著. --北京：世界知识出版社，2022.9
ISBN 978-7-5012-6557-2

Ⅰ.①从… Ⅱ.①邓… ②杨… ③中… Ⅲ.①上海合作组织－农业技术－国际交流－研究 Ⅳ.①F313

中国版本图书馆CIP数据核字(2022)第167251号

书　　名	从中国倡议到上海合作组织共享平台
	——上海合作组织农业技术交流培训示范基地回眸与前瞻
	CONG ZHONGGUO CHANGYI DAO SHANGHAI HEZUO ZUZHI GONGXIANG PINGTAI
	—SHANGHAI HEZUO ZUZHI NONGYE JISHU JIAOLIU PEIXUN SHIFAN JIDI HUIMOU YU QIANZHAN
编　　著	杨凌农业高新技术产业示范区管委会
	中国上海合作组织研究中心
主　　编	邓　浩
责任编辑	范景峰
责任出版	王勇刚
责任校对	张　琨
出版发行	世界知识出版社
地址邮编	北京市东城区干面胡同51号（100010）
网　　址	www.ishizhi.cn
电　　话	010-65265923（发行）　010-85119023（邮购）
经　　销	新华书店
印　　刷	陕西思维印务有限公司
开本印张	185mm×260mm　1/16　17¾印张　28插页
字　　数	310千字
版次印次	2022年9月第一版　2022年9月第一次印刷
标准书号	ISBN 978-7-5012-6557-2
定　　价	68.00元

版权所有　侵权必究